Monte Carasso

Luigi Snozzi

Fotografie
Stefania Beretta

Monte Carasso

die   Monte Carasso

Wiedererfindung   la

des Ortes   reinvenzione

del sito

BIRKHÄUSER VERLAG
BASEL · BOSTON · BERLIN

Übersetzung
aus dem Italienischen
ins Deutsche:
Andreas Simon

Die Deutsche Bibliotek-
CIP-Einheitsaufnahme
Monte Carasso / Luigi
Snozzi. [Übers. aus dem
Ital. ins Dt.: Andreas
Simon]. - Orig.-Ausg. -
Basel; Boston; Berlin;
Birkhäuser, 1995
Text dt. und ital.
ISBN 3-7643-5596-4
NE: Snozzi, Luigi;
Simon, Andreas [Übers.]

Dieses Werk ist urheber-
rechtlich geschützt.
Die dadurch begründe-
ten Rechte, insbesondere
die der Übersetzung,
des Nachdrucks, des Vor-
trags, der Entnahme
von Abbildungen und
Tabellen, der Funk-
sendung, der Mikrover-
filmung oder der Verviel-
fältigung auf anderen
Wegen und der Speiche-
rung in Datenverarbei-
tungsanlagen, bleiben,
auch bei nur auszugs-
weiser Verwertung, vor-
behalten. Eine Verviel-
fältigung dieses Werkes
oder von Teilen dieses
Werkes ist auch im Ein-
zelfall nur in den Grenzen
der gesetzlichen Bestim-
mungen des Urheber-
rechtsgesetzes in der
jeweils geltenden Fassung
zulässig. Sie ist
grundsätzlich vergütungs-
pflichtig.
Zuwiderhandlungen
unterliegen den Straf-
bestimmungen des
Urheberrechts.

© Birkhäuser -
Verlag für Architektur
P.O.Box 133
CH-4010 Basel
Switzerland

Layout:
Fulvio Roth & Partner
Bellinzona

Printed in Italy

ISBN 3-7643-5596-4
9 8 7 6 5 4 3 2 1

Inhalt	Sommario	
Vorbemerkung	Premessa	7
Die Anfänge des Projektes	Il tema	8
Die Umgebung	Il contesto	8
Voraussetzungen des Projektes	Premessa per il progetto	14
Das Projekt	Il progetto	17
Die Gebäude des Ortszentrums	Gli edifici del centro	24
Die Baubestimmungen	Le norme di attuazione	52
Besonderheiten der Baubestimmungen des Richtplanes von Monte Carasso Dr. Adelio Scolari	Peculiarità delle norme del piano regolatore Dott. Adelio Scolari	57
Testfälle für die neuen Baubestimmungen	Verifica delle nuove normative	68
Das Quartier an der Autobahn	Il quartiere verso l'autostrada	87
Schlußfolgerung	Conclusione	100
Der kommunale Planungsprozeß Carlo Bertinelli, Gemeindesekretär	Il processo pianificatorio comunale Carlo Bertinelli, segretario comunale	103
Der Gemeindepräsident und das Projekt Flavio Guidotti, Bürgermeister	Il sindaco e il progetto Flavio Guidotti, sindaco	112
Biographien	Biografie	126
Bibliographie	Bibliografia	128

Es haben am "Projekt Monte Carasso" mitgearbeitet	Giuliano Mazzi

Hanno collaborato alla realizzazione del "progetto Monte Carasso"

Michele Arnaboldi
Francesco Bianda
Claudio Buetti
Pierre-Alain Croset
Mitka Fontana
Gustavo Groisman
Lidio Guidotti
Anne Catherine Javet
Stefano Polli
Sabina Snozzi Groisman
Sandra Snozzi
Marisa Vidotto
Walter von Euw

Vorbemerkung

Die Erfahrungen, die ich bei meiner Arbeit in Monte Carasso sammeln konnte, hatten und haben für meine Tätigkeit als Architekt und Lehrer große Bedeutung.

Im Laufe der Zeit ergab sich bei dieser spannenden Arbeit für mich die Möglichkeit zu umfänglichen gestalterischen Eingriffen, die auch heute noch nicht abgeschlossen sind. Dabei ging und geht es nicht allein um Architektur. Vielmehr spielten eine Reihe von Faktoren eine Rolle, die für einen städtischen Kontext typisch sind: Die Kontakte zu den verschiedenen Behörden des Kantons und der Gemeinde, die Kontakte zur Bevölkerung, die planerischen und wirtschaftlichen Probleme mit all ihren politischen Auswirkungen, und schließlich die verschiedenen Konzepte für die konkrete Durchführung des Projektes.

Da den Problemen der Stadt von jeher mein besonderes Interesse galt, konnten meine Erfahrungen in Monte Carasso zusammen mit einer Reihe von anderen großflächigen und ortsplanerischen Projekten, an denen ich seit den 70er Jahren gearbeitet habe, zu einem Prüfstein meiner eigenen Vorstellungen von Stadtplanung werden.

Premessa

L'esperienza di Monte Carasso ha rappresentato e rappresenta tuttora un punto di riferimento importante per la mia attività d'architetto e d'insegnante.

È stata ed è una grande avventura che mi ha permesso finalmente di realizzare nel tempo un intervento a livello territoriale ancora in corso. Un intervento che non è limitato solo al fatto architettonico ma si è esteso a tutta una serie di problematiche che sono sempre presenti nella realtà urbana: dai rapporti con le varie autorità del Cantone e del Comune, con la popolazione, ai problemi pianificatori ed economici, con tutte le ripercussioni che hanno a livello politico, alle diverse strategie per la sua realizzazione. Il mio interesse, che ho sempre avuto rispetto ai problemi urbani, come centro della mia attenzione ha potuto trovare qui un momento di verifica. Questa esperienza è stata ed è costantemente alimentata da una serie di altri progetti a scala territoriale ed urbana che connotano la mia attività dagli anni 70 fino ad oggi.

Die Anfänge des Projektes

Im Jahre 1978 beauftragte mich die Gemeinde Monte Carasso mit dem Bau einer Primarschule mit fünf Klassenräumen, die nach dem damals gerade verabschiedeten Richtplan am Ortsrand neben der Autobahn errichtet werden sollte.

Eine Gruppe von Bürgern war mit der im Richtplan vorgesehenen Lage der Schule nicht einverstanden und suchte nach einer Möglichkeit, sie im Ortszentrum unterzubringen.

Im Verlauf der Planungsvorbereitungen weitete sich das Projekt in Abstimmung mit den örtlichen Behörden aus und sah bald neben der Schule auch den Bau einer Turnhalle, eines Kindergartens und die Vergrößerung des Friedhofs vor.

Die Umgebung

Monte Carasso liegt eingebettet zwischen dem rechten Ufer des Flusses Tessin und der linken Seite des Schuttkegels eines Bergbaches, auf dessen anderer Seite sich das Dorf Sementina befindet.

Die nächstgelegene Stadt ist Bellinzona im Norden am Ende der Magadinoebene. Die Ebene erstreckt sich bis zum Lago Maggiore und ist einer der entwicklungsträchtigsten Landstriche des Tessins.

Gegenwärtig wird die Magadinoebene vor allem landwirtschaftlich genutzt. In einem schnellen Wandlungsprozeß entstanden hier jedoch in den letzten Jahren immer mehr Industriegebiete.

An den Ufern des Flusses Tessin zieht sich ein

Il tema

Fui chiamato nel 1978 dal Comune di Monte Carasso per il progetto di una scuola elementare di 5 classi, che secondo il nuovo piano regolatore appena approvato, avrebbe dovuto situarsi in periferia del paese a ridosso dell'autostrada. Un gruppo di cittadini, non contenti dell'ubicazione prevista dal piano regolatore, volevano indagare sulla possibilità di un suo inserimento nel centro del paese.

Durante la fase preliminare della progettazione, in continuo contatto con le autorità locali, il mandato si è esteso, includendo oltre alla scuola, una palestra di ginnastica, una scuola materna e l'ingrandimento del cimitero.

Il contesto

Monte Carasso si situa sulla sponda destra del fiume Ticino e sulla sponda sinistra del cono di deiezione di un torrente, che costituisce una unità geografica. Sull'altra sponda si situa il villaggio di Sementina.

Bellinzona è la città più vicina verso nord e segna il limite della pianura di Magadino che si estende fino al Lago Maggiore. Essa rappresenta per tutto il Canton Ticino un'ampia riserva per il suo futuro.

Attualmente essa è una zona a carattere prevalentemente agricolo. Negli ultimi anni ha subìto in parte una forte trasformazione in zona industriale. Lungo il fiume Ticino, che la percorre, si estende una fascia verde che partendo da Bel-

Grünstreifen von Bellinzona bis zum Lago Maggiore, der in Zukunft zum großen öffentlichen Park des Tessins werden könnte. Zunehmend wichtig für die urbane Entwicklung wird das neue Bahntrassee der NEAT, (Neue Eisenbahn Alpen Transversale) das die Magadinoebene von Sementina nach Camorino auf der andern Seite des Flusses Tessin durchquert, wo am Fusse des Monte Ceneri der neue Zentralbahnhof des Kantons geplant ist.

Damit kündigt sich die Urbanisierung der gesamten Ebene an, ein Prozeß, an dessen Ende die beiden Städte Bellinzona und Locarno einmal durch einen einzigen großen Ballungsraum miteinander verbunden sein werden. Auf dem Gebiet der Gemeinde Monte Carasso sind die Anzeichen dieser großen Veränderung bereits erkennbar.

Der Ort Monte Carasso mit seinen 1'700 Einwohnern weist eine ausgesprochen heterogene bauliche Struktur auf, die sich aus unterschiedlich geformten Bebauungskernen zusammensetzt, wobei sich bescheidene Wohngebäude mit Ställen und Heuschobern abwechseln.

Im Zentrum der Siedlung liegt die Gemeindekirche mit ihrem Glockenturm, dahinter der Renaissance-Bau des ehemaligen Augustinerinnen-Klosters. In der Nähe befindet sich der Friedhof, der von der Kirche durch eine befahrene Straße getrennt wurde. Im Inneren eines Hofes neben der Kirche war nach dem Abriß verschiedener Gebäude und eines an die Kirche grenzenden mittelalterlichen Klosters eine Primarschule aus Fertigbauteilen errichtet worden. In der Nähe des Augustinerinnen-Klosters

linzona raggiunge il Lago Maggiore. Essa rappresenta per il futuro del Cantone il grande parco pubblico dell'intera regione. Questa pianura è oggi interessata al tracciato della linea ferroviaria veloce che l'attraversa, da Sementina a Camorino, sull'altra sponda del fiume Ticino, dove si prevede la nuova stazione ferroviaria centrale per il Canton Ticino.

Questa grande infrastruttura segnerà l'avvio dell'urbanizzazione dell'intera pianura, in un processo che porterà nel futuro alla congiunzione delle due città di Bellinzona e Locarno in un unico grande agglomerato. I segni di queste grandi trasformazioni sono già percettibili sul territorio del comune di Monte Carasso.

Il paese di Monte Carasso, di ca. 1'700 abitanti, ha una struttura estremamente eterogenea, ed è composto da vari nuclei a morfologia variata, con fabbricati residenziali di fattura modesta frammisti a stalle e fienili.

Nel centro dell'abitato si situa la Chiesa parrocchiale con il suo campanile, alla quale è addossato l'antico ex-convento delle Agostiniane, di fattura rinascimentale ormai obsoleto. Nelle sue vicinanze si trova il cimitero, separato dalla Chiesa da una strada veicolare.

All'interno del cortile, di fianco alla Chiesa, dopo la demolizione di vari edifici e di un antico convento medioevale, che ad essa si affiancavano, si era inserita una scuola elementare prefabbricata.

Vicino al convento emerge dal contesto l'edificio del Municipio.

Questa zona centrale del comune è circondata da vari quartieri abitati, ma fino al 1979 non ha

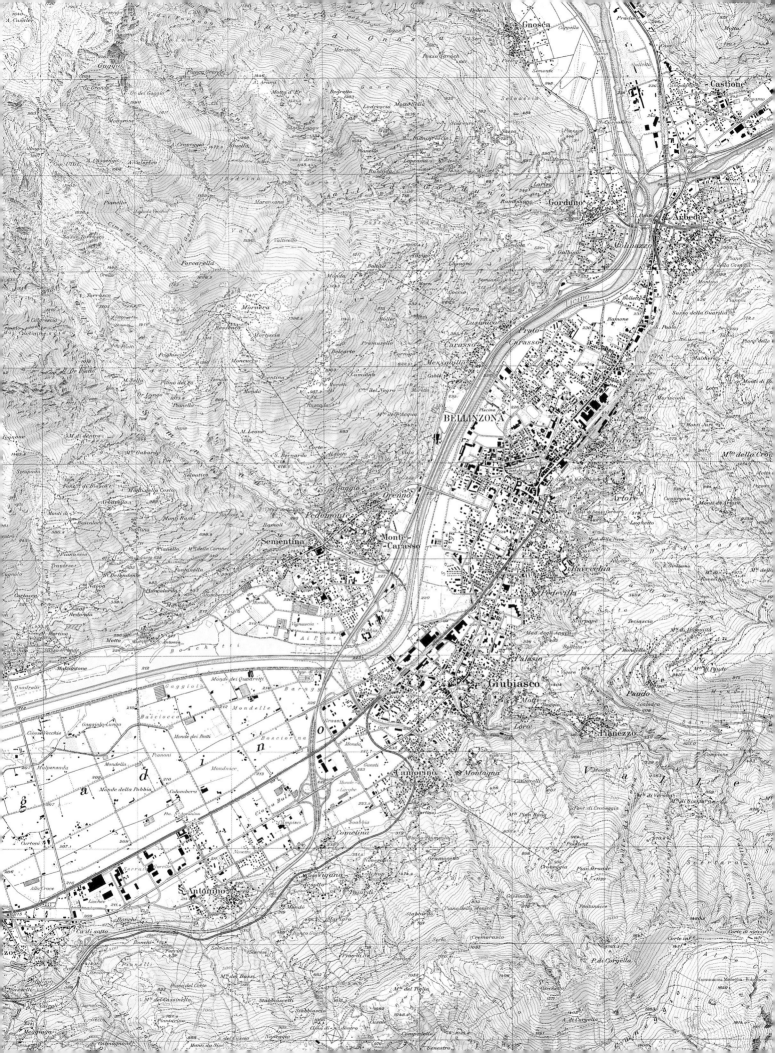

Vorhergehende Seite: Magadino-Ebene 1989 (Reproduktion mit Bewilligung der eidgenössischen Landestopographie vom 7.8.95)

Pagina precedente: Piano di Magadino 1989 (riproduzione della cartina con l'autorizzazione dell'Ufficio Federale di topografia del 7.8.95)

erhebt sich das Gebäude des Rathauses. Umgeben wird dieser zentrale Bereich der Gemeinde von Wohnbezirken, aber bis zum Jahre 1979 erfüllte er nicht die Funktion eines wirklichen Ortszentrums.

Schutzmauern in Form von Fortifikationen am Ufer des unberechenbaren Bergbaches und die markant situierte kleine Kirche talaufwärts bilden prägende Elemente des Dorfes.

Talwärts hat der Ort durch den Bau des Dammes für die Autobahn seinen natürlichen Kontakt zum Fluß Tessin verloren. Auf den Flächen, die an die Autobahn grenzen, befinden sich zum Teil Sportanlagen sowie Industrie- und Handwerksbetriebe. Ein anderer Teil dieser Flächen ist Bauland der Gemeinde.

Gerade in diesem Randbezirk des Ortes zeigen sich die ersten Anzeichen der Ausdehnung der nahen Stadt, und gerade hier werden neue Wohnanlagen errichtet, die einen stärker urbanen Charakter aufweisen.

mai avuto funzione di vero centro del villaggio. Alcune fortificazioni lungo l'argine del torrente ed una chiesetta verso monte segnano la presenza del torrente nel territorio.

Il paese verso valle ha perso il suo naturale contatto con il fiume Ticino, dopo la realizzazione dell'autostrada su terrapieno.

Le aree che fiancheggiano l'autostrada sono adibite in parte allo sport, all'industria e all'artigianato ed in parte rappresentano le zone di riserva per il Comune.

È proprio in questa periferia che cominciano a manifestarsi i primi segni dell'espansione urbana della città vicina, ed è proprio qui che cominciano ad insediarsi nuovi complessi residenziali a carattere più urbano.

Luftaufnahme von Monte Carasso 1979 vor der Umstrukturierung (Photo Swissair)

Foto aerea del paese di Monte Carasso 1979 prima dell'intervento (foto Swissair)

Voraussetzungen des Projektes

Monte Carasso gehört zu jenem immer noch dicht besiedelten Teil des Voralpenlandes im Süden der Alpen, in dem sich im Laufe der Jahrhunderte unter den Vorzeichen großer historischer Veränderungen und unter ärmlichen und oft geradezu elenden Bedingungen eine besondere und vielschichtige ländliche Kultur entwickelt hat, der wir bedeutende kulturelle Zeugnisse verdanken.

Dieses große Gebiet mit seinem historischen und kulturellen Wert wird heute von zwei grundlegenden Entwicklungen bedroht: zum einen von der Landflucht der Bevölkerung aus den abgelegenen und unzugänglichen Gegenden, zum anderen vom Prozeß der Eingemeindung und Verstädterung der Dörfer an den Peripherien der großen Städte, der ihr kulturelles Erbe gefährdet.

Der Grund für die Ohnmacht der Planer angesichts dieser Probleme liegt nach meiner Überzeugung an ihrer defensiven Haltung und an generalisierenden Planungsansätzen, bei denen die Besonderheit einzelner Orte keine Berücksichtigung findet. Die tatsächliche Entwicklung beweist, daß solche Ansätze bei der Raumplanung das Siedlungsgebiet allenfalls in quantitativer Hinsicht erfassen, nicht aber den spezifischen örtlichen Verhältnissen Rechnung tragen können.

Meiner Meinung nach kommt es darauf an, sich von vorgefaßten Planungsansätzen zu verabschieden und an die oben genannten Probleme mit unverstelltem Blick und je eigenen Vorschlägen heranzugehen. Es geht darum, die vorhandene Bausubstanz mit angemessenen pla-

Premessa per il progetto

Monte Carasso si inserisce in quella grande fascia prealpina, a sud delle Alpi, tuttora molto abitata, nella quale durante i secoli è andata sviluppandosi in condizioni di grande povertà e quasi di miseria, in condizioni di grandi sconvolgimenti storici, una particolare cultura paesana, molto diversificata e complessa, che ci ha lasciato in eredità testimonianze di grande valore culturale.

Questo grande territorio, con tutto il suo contenuto storico e culturale è minacciato oggi da due eventi fondamentali: da una parte dall'esodo della popolazione dalle zone più discoste e impervie e d'altra parte dal processo di conglobamento in atto dei villaggi da parte dell'intera fascia delle periferie urbane e metropolitane, che mettono in serio pericolo l'intero patrimonio culturale.

Sono convinto che uno degli aspetti che ha determinato l'impotenza dei pianificatori rispetto a questi problemi, sia dovuto alla posizione di difesa da loro assunta rispetto a questi fenomeni e alle norme generalizzanti elaborate che non tengono conto della specificità dei luoghi. La realtà urbana ha dimostrato che esse non hanno la capacità di controllare spazialmente un territorio ma tuttalpiù riescono a controllare solo quantitativamente i diversi insediamenti. Si tratta secondo me di saper ribaltare la concezione e di assumere in senso positivo e propositivo i fenomeni summenzionati. Si tratta di riuscire a consegnare a queste preesistenze, con adeguati interventi, nuovi valori per promuoverle a importanti punti di riferimento all'interno di un contesto urbano significativo. È per

nerischen Eingriffen aufzuwerten und so bedeutsamen örtlichen Kontexten wichtige Bezugspunkte zurückzugeben. Daher ist es unerläßlich, einen Ansatz zu wählen, der es erlaubt, auf die jeweiligen spezifischen Orte angemessen einzugehen.

Dieser Leitgedanke war es, der meine Arbeit in Monte Carasso bestimmte. Es lassen sich zwei Hauptphasen des Projektes unterscheiden: Zunächst erarbeitete ich einen Gesamtplan für die verschiedenen öffentlichen Gebäude im Zentrum des Ortes. Da der gerade verabschiedete Richtplan durch diesen Entwurf jedoch fragwürdig wurde, bezog ich in der zweiten Phase den gesamten örtlichen Kontext ein.

Entwurf und Ausführung des Plans für Monte Carasso waren nur Dank der umfassenden Unterstützung durch die Gemeindebehörden und auf der Basis großen wechselseitigen Vertrauens möglich, die von Anfang an gegeben war. Ich möchte hier besonders den Gemeindepräsidenten, Sindaco Flavio Guidotti, und den Gemeindesekretär Carlo Bertinelli erwähnen, die mich zusammen mit den Kommunalbehörden sowie der Bevölkerung, die sich zunehmend an der Umgestaltung des Ortes beteiligte, mit großem Mut unterstützt haben. Diese Erfahrung hat mich gelehrt, daß viele, besonders öffentliche Projekte scheitern, weil es an politischen Persönlichkeiten fehlt, die dazu bereit sind, mit ihrer Position für das Risiko und Wagnis einzustehen, das mit allen wirklichen Projekten verbunden ist. Ohne solchen persönlichen Einsatz bauen die Institutionen einer falsch verstandenen Demokratie unzählige Hindernisse

questo indispensabile trovare regole che permettano di rispondere adeguatamente ai diversi specifici luoghi.

In quest'ottica ho cercato di operare in questo comune, partendo dal mandato ricevuto. Si possono distinguere due fasi principali del progetto: in un primo tempo ho elaborato il progetto per l'insieme dei vari edifici pubblici al centro del paese ed in un secondo tempo ho elaborato le nuove norme per l'intero contesto comunale, dato che il progetto presentato ha messo in crisi il piano regolatore appena approvato.

Il progetto e la realizzazione del piano di Monte Carasso sono stati possibili solo grazie all'apporto sostanziale dato dall'autorità comunale, con cui fin dall'inizio si è instaurato un clima di grande fiducia reciproca. In particolare sottolineo la figura del sindaco Flavio Guidotti con il segretario comunale Carlo Bertinelli, i quali mi hanno sostenuto con grande coraggio e, insieme ad essi, le autorità locali e la popolazione che hanno saputo gradualmente partecipare al cambiamento. Da questa esperienza ho potuto capire che il fallimento di molti progetti, soprattutto pubblici, è dovuto all'assenza di personalità politiche capaci di assumere il rischio dell'avventura che un vero progetto rappresenta, a rischio della loro posizione. Senza tali presenze la struttura democratica falsamente concepita non fa che creare innumerevoli difficoltà, appoggiandosi essenzialmente sui consigli di specialisti per potersi assicurare fin dall'inizio la bontà del progetto in tutte le sue componenti. Ma ciò non fa che portare spesso al fallimento di qualsiasi operazione promozionale.

auf, weil sie sich im wesentlichen nur auf den Rat von Spezialisten verlassen, die schon im vorhinein das Gelingen eines Projektes in allen seinen Einzelheiten garantieren sollen. Oft führt das jedoch nur zur Verhinderung jeden Wandels. Wenige Monate nach Verabschiedung des Richtplanes, der beinahe 15 Jahre Vorbereitungszeit mit all ihren Polemiken und politischen Auseinandersetzungen in Anspruch genommen hatte, mußte das Projekt in Monte Carasso undurchführbar erscheinen.

Doch die tatsächliche Entwicklung gab mir recht. Ich hatte mir zum Ziel gesetzt, keinen Entwurf vorzulegen, der nicht unmittelbar in Angriff zu nehmen wäre. Ich fertigte den Entwurf sofort im Planungsmaßstab (1:200) an und stellte mich in Anbetracht fehlender Geldmittel von vornherein auf eine etappenweise Durchführung ein. Das grundlegende Problem bestand darin, die Eingriffe verschiedener Etappen von Anfang an zueinander in eine räumliche Beziehung zu setzen, so daß es zu jeder Zeit möglich wäre, das Projekt in seiner Gesamtheit zu überblicken. Bei der Planung kam es mir dabei auf eine sorgfältige Lektüre auch kleinster und scheinbar unbedeutender Details der Örtlichkeiten an, um so Bezugspunkte für meinen Entwurf zu gewinnen. Nicht nur entdeckte ich auf diese Weise hinter vermeintlicher Banalität und scheinbarem Chaos Tag für Tag den Reichtum des Ortes, mir wurde auch klar, daß sich manchmal gerade in den alten Dingen die Lösung gegenwärtiger Probleme verbirgt. Ungeachtet der geringen Ausmaße der Ortschaft sind dabei die Probleme, die sich hier stellten, typisch für jeden städtischen Kontext.

Qui a Monte Carasso il progetto era da ritenersi praticamente improponibile in quanto era stato elaborato a pochi mesi dall'approvazione del nuovo piano regolatore, dopo una quindicina d'anni di gestazione, con le polemiche e le lotte politiche che esso aveva coinvolto.
Ma la realtà mi ha dato ragione.
Mi ero prefisso l'idea di evitare qualsiasi progettazione che non avesse come obiettivo la sua realizzazione immediata. La mia proposta è stata immediatamente elaborata in scala progettuale (1:200), e fin dall'inizio ho pensato, per carenza di finanziamenti, ad un'esecuzione a tappe successive.
Il problema fondamentale è stato quello, nelle successive tappe, di mettere in relazione tra di loro i vari interventi proposti, per poter stabilire fin dall'inizio dei rapporti spaziali, tali da permettere costantemente una percezione globale dell'intero progetto.
Una lettura attenta anche delle cose più minute e apparentemente insignificanti, mi ha permesso di individuare una serie di punti di riferimento per la progettazione.
Ho potuto scoprire così giorno per giorno la ricchezza di un territorio, apparentemente banale e caotico, ed ho così imparato che le cose antiche talvolta contengono le chiavi per la soluzione dei nostri problemi di oggi. Malgrado la dimensione ridotta del contesto, i problemi sorti sono i problemi di ogni realtà urbana.
Le strategie qui utilizzate per la realizzazione del piano non possono essere assunte tali e quali per altre situazioni. Ma non credo sia questo il tema centrale. Importante è credere in

Was das Vorgehen bei der Ausführung des Projektes angeht, so ist es sicherlich nicht in gleicher Weise auf andere Projekte übertragbar. Doch halte ich dies auch nicht für entscheidend. Wichtig ist, an eine Lösung zu glauben und Vertrauen in das eigene Fach zu setzen, denn nur so lassen sich Schwierigkeiten bei der Durchführung überwinden. Dies umso mehr, wenn man noch dazu das Glück hat, bei den zuständigen Behörden auf eine Experimentierfreude zu stoßen, die der eigenen in nichts nachsteht.

Es ist nicht meine Absicht, jedes einzelne Bauvorhaben im Detail zu schildern. Die Pläne und die Fotodokumentation vermitteln, wie ich meine, einen guten Begriff von den bisher durchgeführten Arbeiten. Ich möchte lediglich einige Aspekte hervorheben, die ich im Hinblick auf die Planung für innovativ oder interessant halte.

una soluzione, aver fede nella propria disciplina, e solo con queste premesse è possibile superare le difficoltà delle realizzazioni, sempre che ci si possa misurare con autorità aperte alla sperimentazione.

Non è mia intenzione voler spiegare in dettaglio ogni intervento, i piani e la documentazione fotografica credo siano sufficienti ad una comprensione del lavoro fatto finora. Ma mi soffermo solo su alcuni aspetti che ritengo innovativi o interessanti rispetto alla pianificazione ufficiale.

Das Projekt

Il progetto

Ausgangspunkt des Projektes war der Wunsch, das ehemalige Kloster so umzugestalten, daß die Gemeinde Monte Carasso ein wirkliches und imposantes Zentrum erhielte, in dem alle wichtigen öffentlichen Funktionen zusammengefaßt wären: die Kirche und der Friedhof, das Rathaus, die Primarschule, die Turnhalle, der Kindergarten oder eventuell das Kirchgemeindehaus, und daneben noch einige Privatwohnungen. Das Element, das die vorhandenen und neuen Gebäude verbindet, ist eine Allee in Form einer Ringstraße, wodurch die Straße zwischen Kirche und Fried-

L'idea base del progetto fu quella di valorizzare il complesso monumentale dell'ex-convento, per dotare il comune di Monte Carasso di un vero centro monumentale dove fossero situate tutte le più importanti istituzioni pubbliche: la chiesa e il cimitero, il municipio, la scuola elementare, la palestra, la scuola materna o eventualmente la casa parrocchiale, oltre a una serie di abitazioni private. L'elemento che riunisce l'insieme degli edifici esistenti e nuovi è un viale alberato che funge da anello viario di circolazione. Questa soluzione ha permesso di liberare

hof für den Verkehr gesperrt werden konnte und zugleich ein geschlossener Bezirk entstand, in dem sich die verschiedenen öffentlichen Gebäude befinden. Dieser Bezirk entspricht dem alten Klosterbezirk, von dem nur noch wenige Spuren zeugen, und ist zum Bereich des Friedhofs hin erweitert. Die Grenzen dieses Bezirks werden heute von Privathäusern entlang des Alleeringes, von der neuen Turnhalle, der alten Friedhofsmauer und dem projektierten neuen Gebäude des Kindergartens markiert, das demnächst wahrscheinlich als Kirchgemeindehaus verwirklicht werden wird. Dieses Gebäude bildet talwärts die Grenze der neuen, teilweise baumbestandenen Piazza, an der auch die Gemeindekirche und bergwärts das Rathaus liegen. So entstand ein neues urbanes Zentrum, in dessen Mittelpunkt sich die wichtigsten Bauwerke befinden: die Kirche und das ehemalige, zu einer Primarschule umgebaute Kloster, zusammen mit einem großen, grünen und terrassierten öffentlichen Platz, den die Grenzen des alten Klosterbezirks umschreiben. Durch diesen Entwurf, mit dem die neue Primarschule ins Kloster verlegt und die alte, "provisorische" Schule neben der Kirche beseitigt wurde, gewann das Klostergebäude seine alte Bedeutung zurück. Nach der geplanten Erweiterung des Friedhofs wird dieser wieder Raum für neue Gräber bieten. Zwei Fußgängerwege an den Seiten des Friedhofs verbinden den neuen Straßenring talwärts mit den beiden Eingängen der Kirche. Der Ring wird damit noch stärker die ihn umgebenden Wohngebäude in das neue Ortszentrum einbinden, wobei das Gewicht auf den Fußgängerwegen liegt.

dal traffico la strada posta tra la Chiesa ed il cimitero e di riunire all'interno di una nuova unità i vari edifici pubblici. Essa non fa altro che riproporre l'unità dell'antica cinta conventuale, di cui rimanevano ancora solo alcune tracce, ampliata verso la zona del cimitero.
Gli elementi che concorrono a definire i limiti di questa cinta sono: le abitazioni private lungo l'anello viario, la nuova palestra, il muro del cimitero esistente e il nuovo edificio della scuola materna, domani probabilmente sostituito dalla casa parrocchiale. Questo edificio forma il limite a valle della nuova piazza pubblica in parte alberata, sulla quale si situano la Chiesa parrocchiale e a monte il palazzo del Municipio. Ne risulta così un nuovo impianto urbano con al centro un elemento primario: la chiesa e l'ex-convento ristrutturato in scuola elementare, con un ampio spazio verde pubblico terrazzato delimitato dalla cinta sopradescritta. Con questa proposta si riusciva così a ricuperare il monumento esistente, inserendo all'interno di esso la nuova scuola elementare e ad eliminare la scuola "provvisoria" esistente a ridosso della chiesa. L'ampliamento previsto del cimitero, attorno a quello esistente, permette il ricupero di quest'ultimo con l'inserimento in esso di nuovi loculi. Due vicoli pedonali a lato dello stesso collegano il nuovo anello stradale a valle con le due entrate esistenti della chiesa. L'anello progettato avvicina così i nuclei abitativi che lo attorniano, favorendo i collegamenti pedonali per tutto l'agglomerato verso il nuovo centro civico.

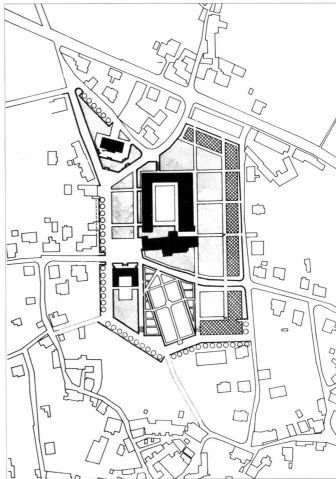

Situation Zentrumszone 1979 vor der Umstrukturierung

Piano della Zona Monumentale: situazione 1979 prima degli interventi

Projekt 1979 der Umgestaltung

Progetto 1979

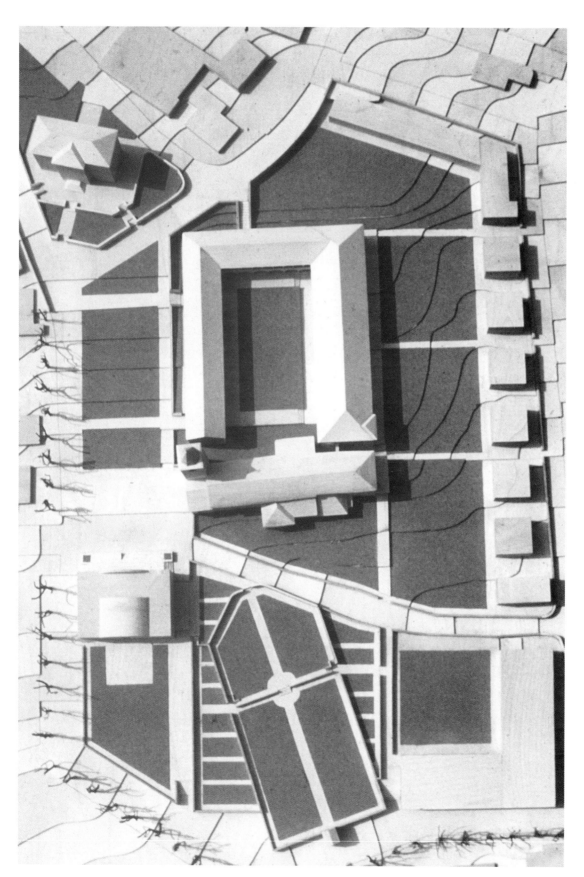

Modellaufnahme
1979

Veduta del plastico, progetto 1979

Erdgeschoßplan des Zentrumprojekts 1979

Piano situazione, progetto 1979: piano terreno

Modellaufnahme
1993

Veduta del plastico, 1993

Erdgeschoßplan der Situation
1993

Piano situazione, 1993: piano terreno

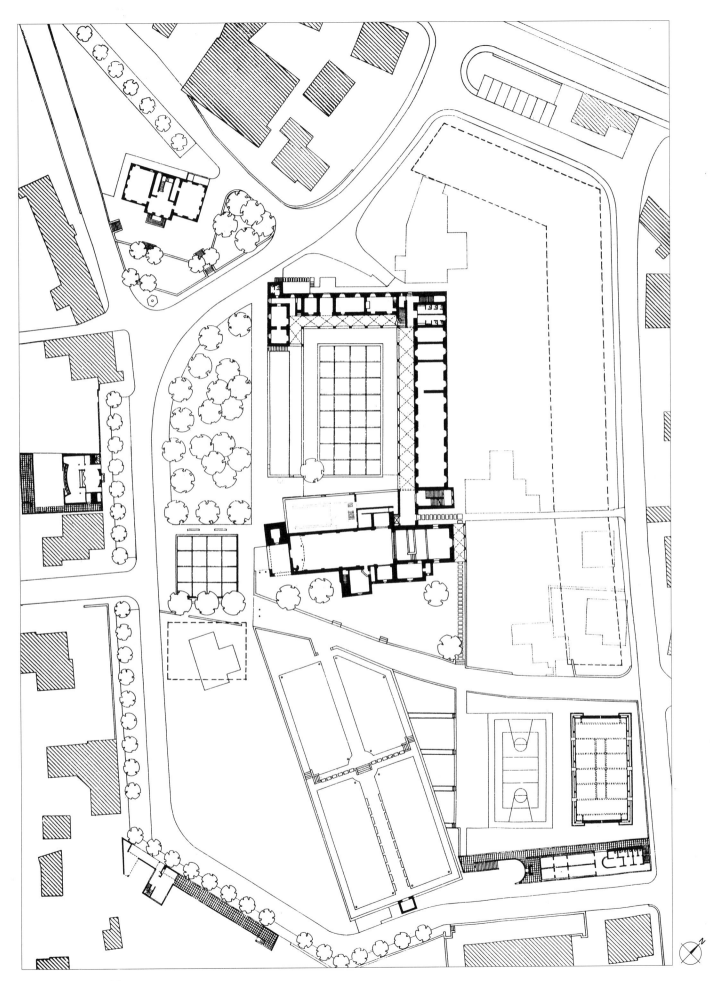

Die Gebäude des Ortszentrums

Gli edifici del centro

Das ehemalige Augustinerinnen-Kloster: heute eine Primarschule

Ristrutturazione dell'ex-convento delle Agostiniane

Dieses Bauwerk wurde über die Jahrhunderte verschiedentlich erweitert und umgebaut. Auf einem alten Gemälde aus dem 16. Jahrhundert sieht man den gesamten Komplex mit dem Renaissance-Bau des Klosters. Er befindet sich hinter der Kirche, und dessen drei Seiten sollten den Hof umschließen. Der Westflügel wurde jedoch nie gebaut.

Die einschneidensten Veränderungen stammen aus diesem Jahrhundert: Darunter fallen besonders der Abriß der Gebäude innerhalb des Klosterbezirks und die unglückliche Zerstörung des mittelalterlichen Klosters neben der Kirche im Jahre 1965. Nach dem Einzug der Kirchengüter durch den Staat, der das Kloster der Gemeinde überließ (1864), wurden mit der Aufteilung des Gebäudes in Wohnungen für viele verschiedene Eigentümer außerdem alle Gebäudeteile um ein Stockwerk erhöht und ein Großteil der Säulengänge im Erdgeschoß und im ersten Stock zugemauert, um zusätzlichen Wohnraum zu gewinnen.

Durch diese Eingriffe wurde die gesamte Raumaufteilung im 1. Obergeschoß mit den Zellen der Nonnen und den früheren Deckengewölben zerstört. Die verbliebenen Zwillingsfenster lassen noch heute den ursprünglichen, kreuzförmigen Grundriß mit seinem zentralen Korridor erahnen. Ein originalgetreue Wiederherstellung des Klosters schien daher zu dem Zeitpunkt, als ich den Auftrag erhielt, nicht mehr angemessen. Andererseits war seine Umwand-

Questo edificio è stato oggetto, durante i vari secoli, di diversi ampliamenti e ristrutturazioni: Un'antica tela del XVI secolo rappresenta il progetto completo con il convento rinascimentale addossato alla chiesa formato da tre ali che racchiudono la corte.

L'ala verso ovest non è però mai stata realizzata. Gli interventi più decisivi sono di quest'ultimo secolo: in particolare la demolizione dei vari fabbricati che si erano insediati nella cinta del convento, e sicuramente la distruzione nefasta nel 1965 dell'antico convento medioevale a ridosso della chiesa.

I corpi di fabbrica furono poi parzialmente rialzati di un piano, furono chiusi la gran parte dei porticati al piano terreno e al primo piano, per ricavarne delle abitazioni. Questo a seguito

| Ölbild des 16. Jahrhunderts mit dem Renaissance-Kloster | Tela del XVI Secolo con l'antico convento |

lung in eine Schule mit der alten Gebäudestruktur kaum vereinbar, vor allem, weil es an dem für Schulräume so wichtigen natürlichen Licht fehlte. Diese Überlegungen führten zu der Entscheidung, den in diesem Jahrhundert errichteten zweiten Stock abzureißen, ebenso wie im nordöstlichen Gebäudeflügel einen Teil des ersten Stockes, um dort Raum für die neuen Klassenzimmer zu schaffen.

Zudem entschloß ich mich dazu, die ursprünglichen schlichten Satteldächer umzugestalten, wobei jedoch die Einheit des gesamten Gebäudekomplexes gewahrt bleiben sollte.

Durch diese Veränderungen konnten die alten Säulengänge aus der Renaissance wiederhergestellt werden und der nun wieder niedrigere Baukörper des Klosters befand sich wieder in seinem ursprünglichen perfekten Gleichgewicht mit dem Gebäude der Kirche.

Der vorgeschlagene Entwurf sah zudem den Abriß der 1965 im Hof neben der Kirche aus vorfabrizierten Elementen erbauten Primarschule und die Neugestaltung des Hofes vor.

Im Inneren des Hofes wurde ein Teil der Fundamente des mittelalterlichen Kreuzganges freigelegt. Die Wiederherstellung des Westflügels, die der erste Entwurf noch vorsah, wurde allerdings nicht durchgeführt. Sie bleibt jedoch bei einer eventuellen Erweiterung der Schule auch in Zukunft noch möglich.

Bei diesem Projekt waren etliche Schwierigkeiten zu überwinden, vor allem der Einspruch der Kommission für Denkmalschutz, die sich ihm anfänglich entgegenstellte. Die verschiedenen Entwicklungsphasen des Kirchen- und Klosterkom-

della divisione del convento in numerose particelle distribuite a un gran numero di proprietari, dopo che lo stato aveva incamerato i beni ecclesiastici e dopo che aveva ceduto l'intero edificio al Comune (1864). Questi interventi hanno devastato l'intero impianto distributivo al primo piano, demolendo le celle delle suore e i plafoni a volta prima esistenti. Le bifore ancora esistenti testimoniano dell'impianto interno a corridoio centrale e a croce oggi distrutto.

Lo stato precario dell'edifico al momento dell'incarico era tale che un suo ripristino globale si dimostrò assolutamente inadeguato. D'altra parte il nuovo contenuto di una scuola elementare era difficilmente compatibile con l'antica struttura dell'edificio, soprattutto per un'evidente mancanza di luce naturale, essenziale per le aule scolastiche. Queste due considerazioni ci portarono alla decisione di demolire le aggiunte fatte in questo secolo, il secondo piano, e nell'ala nord-est, anche parti del primo piano, dove sono poi state inserite le nuove aule. Per quanto riguarda la copertura, si è optato per una soluzione completamente diversa dai primitivi tetti a due falde, cercando tuttavia una soluzione che permettesse di mantenere l'unità dell'insieme. I nuovi interventi hanno permesso di ridare vita agli antichi porticati rinascimentali, e abbassando l'edificio, ricondurlo nelle antiche volumetrie in perfetto equilibrio con l'edificio della chiesa. Con la nuova soluzione proposta fu abbattuto il prefabbricato della scuola elementare provvisoria costruita nel 1965 e ridisegnato l'intero cortile. All'interno di esso si è rimesso alla luce parte delle fondazioni dell'antico chiostro medioevale addossato alla chiesa.

Historische Entwicklungs-phasen des Klosters

Serie dello sviluppo storico del Monastero (XV-XX Secolo)

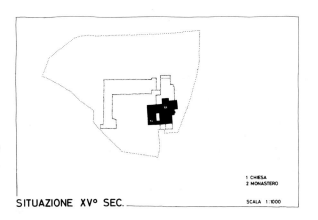

SITUAZIONE XV° SEC. — SCALA 1:1000

1 CHIESA
2 MONASTERO

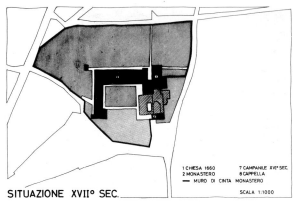

SITUAZIONE XVII° SEC. — SCALA 1:1000

1 CHIESA 1660   7 CAMPANILE XVI° SEC.
2 MONASTERO   8 CAPPELLA
— MURO DI CINTA MONASTERO

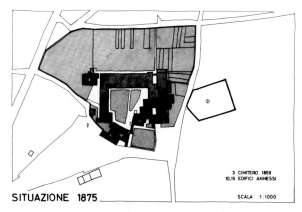

SITUAZIONE 1875 — SCALA 1:1000

3 CIMITERO 1859
10,15 EDIFICI ANNESSI

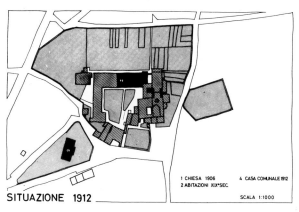

SITUAZIONE 1912 — SCALA 1:1000

1 CHIESA 1906   4 CASA COMUNALE 1912
2 ABITAZIONI XIX° SEC.

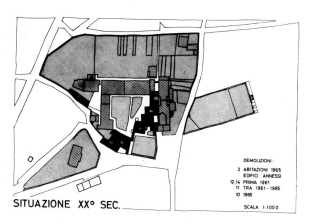

SITUAZIONE XX° SEC. — SCALA 1:1000

DEMOLIZIONI:
2 ABITAZIONI 1965
  EDIFICI ANNESSI
12,14 PRIMA 1961
11 TRA 1961-1965
10 1965

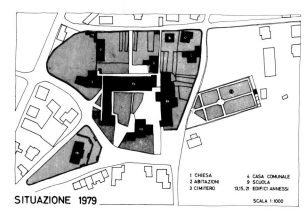

SITUAZIONE 1979 — SCALA 1:1000

1 CHIESA   4 CASA COMUNALE
2 ABITAZIONI   9 SCUOLA
3 CIMITERO   13,15,21 EDIFICI ANNESSI

Parzellierung 1875 und nach der Umstrukturierung

Situazione particellare 1875 e dopo l'intervento

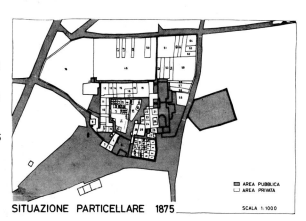

SITUAZIONE PARTICELLARE 1875 — SCALA 1:1000

AREA PUBBLICA
AREA PRIVATA

PROGETTO DI PARTICELLAZIONE 1979 — SCALA 1:1000

AREA PUBBLICA
AREA PRIVATA

Klosterhof des mittelalterlichen Teils (1965 abgebrochen)

Chiostrino medioevale demolito nel 1965

plexes ließen sich in Ermangelung historischer Quellen nur aus einer aufmerksamen Lektüre des damaligen Zustands der Gebäude erschließen. Die interessanteste dieser Phasen vollzog sich in der Renaissance, als die schlichte romanische Kirche mit dem angrenzenden mittelalterlichen Kloster erweitert wurde. So entstand eine Doppel-Kirche mit zwei einander gegenüberliegenden Eingängen, einer für die Gläubigen und einer für die Nonnen. Das Kloster mit seinen beiden Gebäudeflügeln wurde der Kirche angefügt und schloß den neuen Kreuzgang ab. So entstand eine außergewöhnliche architektonische Anlage mit einem großen Renaissance-Kreuzgang, der in seinem Inneren einen kleinen mittelalterlichen Kreuzgang umschloß.

Der ganze Komplex war von einer Mauer umgeben. Später wurde die Mauer teilweise zerstört und um den Kreuzgang herum wurden einige Gebäude errichtet, die dann in diesem Jahrhundert zusammen mit dem mittelalterlichen Kreuzgang abgerissen wurden. Dies war die Ausgangssituation für das Projekt im Jahre 1979. Die wichtigste bauliche Veränderung war der Bau der Primarschule mit seinen fünf Klassenräumen im alten Kloster. Möglich wurde dieser Eingriff erst, weil die innere Struktur des Klosters durch den Abriß der Deckengewölbe der Zellen bereits zerstört worden war, als nachträglich der zweite Stock errichtet wurde.

Die Raumaufteilung im Inneren wurde grundle-

L'ala verso ovest, progettata nella prima proposta non è stata realizzata.

Essa tuttavia potrà essere nel futuro completata per un eventuale ampliamento della scuola stessa. Questo progetto ha dovuto superare numerose difficoltà, soprattutto verso la Commissione dei Monumenti Storici, che inizialmente l'aveva avversato.

Una lettura attenta del complesso chiesa e convento, dopo un rilievo preciso dell'esistente, in assenza quasi totale di una documentazione storica, ci ha permesso di individuare le varie fasi di sviluppo.

Il momento più interessante della sua storia risale all'epoca rinascimentale, quando la primitiva chiesa di origine romanica a cui fu aggiunto un convento medioevale, fu allungata. Essa diventò così una doppia chiesa con due entrate sui lati opposti, una per i fedeli e l'altra per le suore. A questa chiesa furono poi aggiunte le due ali del convento rinascimentale a due piani, che racchiudevano il nuovo chiostro. Ne risultò così un impianto architettonico straordinario, con il grande chiostro rinascimentale che racchiudeva nel suo interno un chio-

Renaissance-Kloster

Chiostro rinascimentale

Nach Abbruch der Anbauten 1965

Demolizione degli annessi 1965

gend verändert. Der zentrale Korridor wurde an die Südseite des Klosterflügels verlegt und der erste Stock teilweise abgerissen.

Von den vier Zwillingsfenstern, die vorher die Enden des Kreuzkorridors markierten, wurden drei in Erinnerung an den alten Grundriß erhalten. Die Idee eines zentralen Kreuzganges wurde jedoch mit der Galerie, die die fünf Klassenzimmer verbindet und sich zwischen zwei der drei verbliebenen Zwillingsfenster erstreckt, wiederaufgenommen.

stro medioevale. Il tutto era circondato da un muro di cinta. Più tardi la cinta fu parzialmente distrutta e furono inseriti attorno al chiostro alcuni fabbricati, che furono poi demoliti verso gli anni 60 insieme al chiostro medioevale.

Questa era la situazione iniziale del complesso nel 1979 prima del progetto.

L'intervento che ci ha permesso l'inserimento della scuola elementare con le sue cinque classi nella vecchia struttura è stato il più decisivo. Esso è stato possibile per gli interventi distruttivi che il convento aveva già subito: eliminazione del plafone a volte delle celle delle suore al momento dell'innalzamento del convento con l'aggiunta del secondo piano.

L'impianto interno è stato totalmente cambiato, spostando il corridoio centrale verso il lato sud dell'ala conventuale e demolendo parzialmente il primo piano.

Delle quattro bifore che definivano prima i terminali dell'antico corridoio a croce, ne sono state mantenute tre come memoria dell'impianto primitivo. Si è tuttavia ripreso l'idea del corridoio centrale all'interno delle nuove aule con l'elemento della balconata che riunisce le cinque aule e che è teso fra le due bifore terminali.

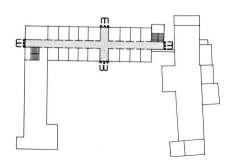 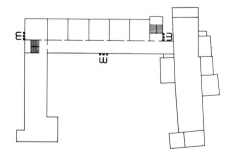 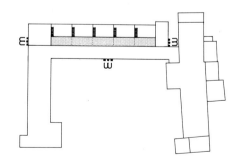

| Grundrißtypologie des ehemaligen Renaissance-Klosters | **Impianto tipologico epoca rinascimantale** | Typologie des Projekts 1979, 1. OG | **Impianto tipologico progetto - 1° piano** | Typologie des Projekts 1979, 2. OG | **Impianto tipologico progetto - 2° piano** |

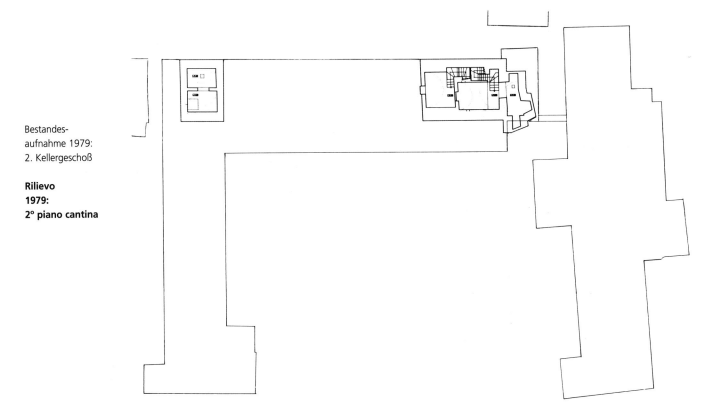

Bestandes-
aufnahme 1979:
2. Kellergeschoß

**Rilievo
1979:**
2° piano cantina

Projekt
1993:
2. Kellergeschoß

**Progetto
1993:**
2° piano cantina

Bestandes-
aufnahme 1979:
1. Kellergeschoß

**Rilievo
1979:
1° piano cantina**

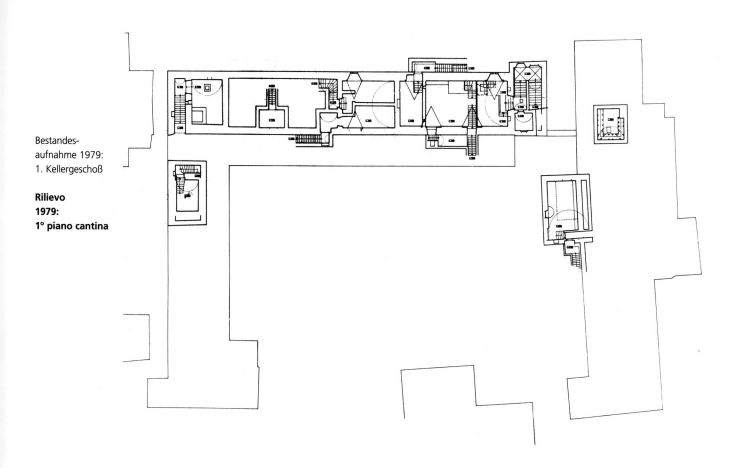

Projekt
1993:
1. Kellergeschoß

**Progetto
1993:
1° piano cantina**

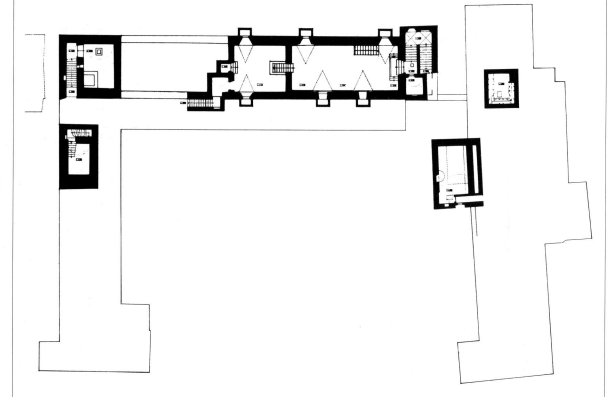

Bestandes-
aufnahme 1979:
Erdgeschoß

**Rilievo
1979:
piano terreno**

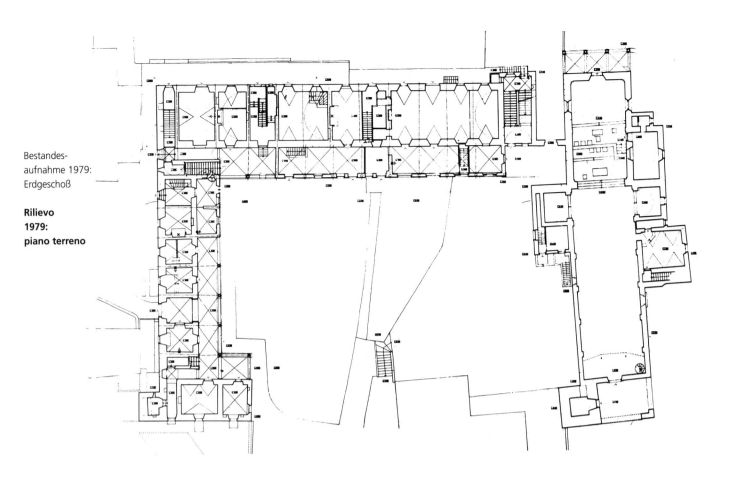

Projekt
1993:
Erdgeschoß

**Progetto
1993:
piano terreno**

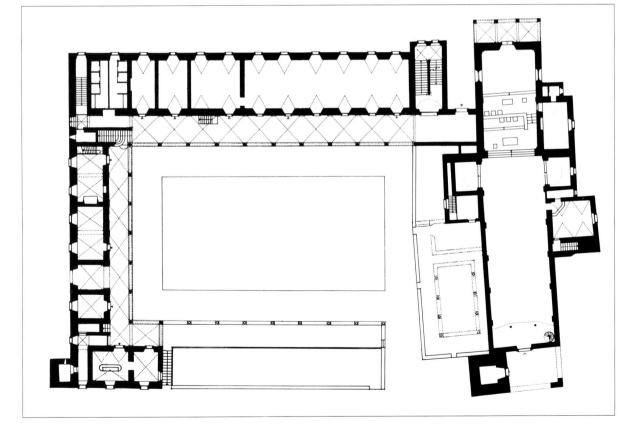

Bestandes-
aufnahme 1979:
1. Obergeschoß

**Rilievo
1979:
1° piano**

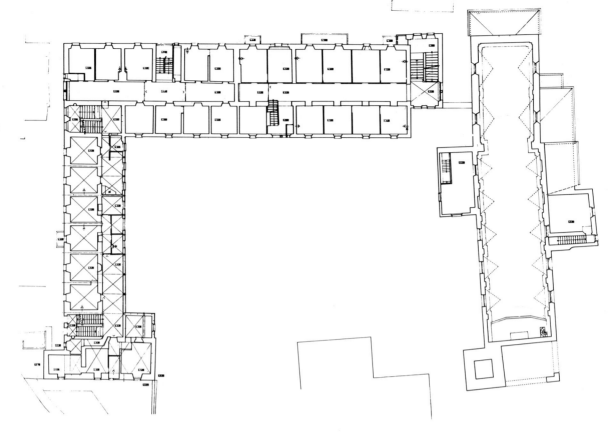

Projekt
1993:
1. Obergeschoß

**Progetto
1993:
1° piano**

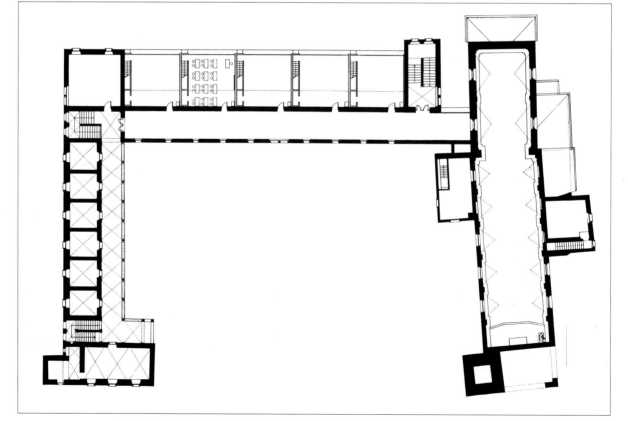

Bestandes-
aufnahme 1979:
2. Obergeschoß
(abgebrochen)

**Rilievo
1979:
2° piano
(demolito)**

Projekt
1993:
2. Obergeschoß
(Galerie
Klassenzimmer)

**Progetto
1993:
2° piano
(mezzanino aule)**

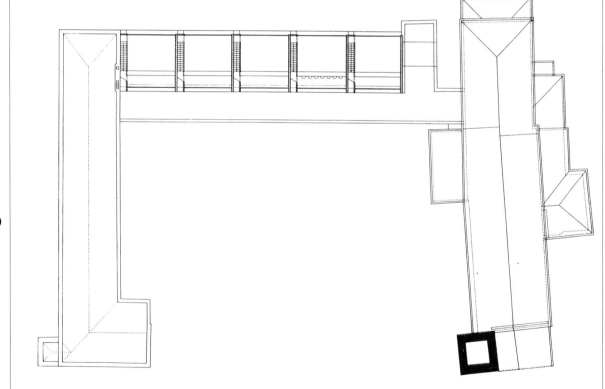

Aufnahme 1979:
Hoffassade Südost

**Rilievo 1979:
facciata sud-est**

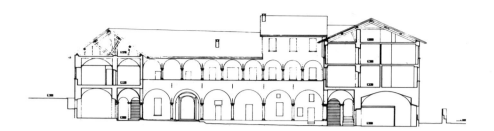

Aufnahme 1979:
Hoffassade Südwest

**Rilievo 1979:
facciata sud-ovest**

Projekt 1993:
Hoffassade Südost

**Progetto 1993:
facciata sud-est**

Projekt 1993:
Hoffassade Südwest

**Progetto 1993:
facciata sud-ovest**

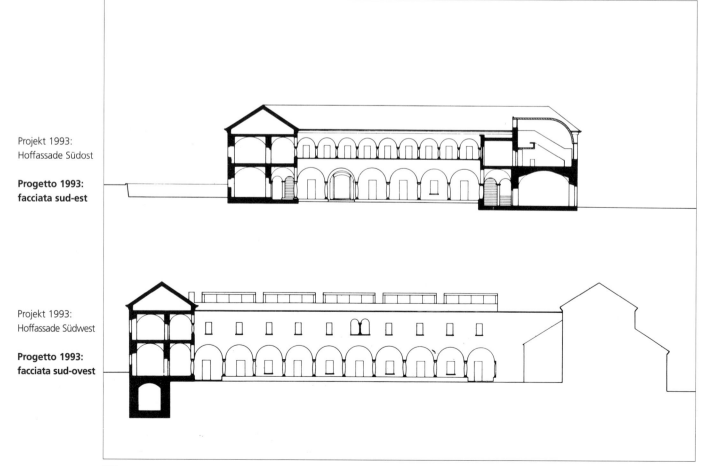

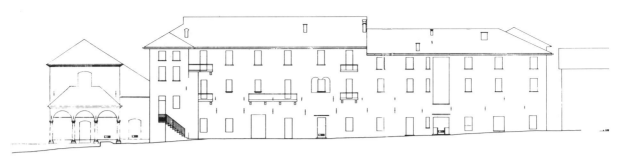

Aufnahme 1979:
Nordost-Fassade

**Rilievo 1979:
facciata nord-est**

Aufnahme 1979:
Nordwest-Fassade

**Rilievo 1979:
facciata nord-ovest**

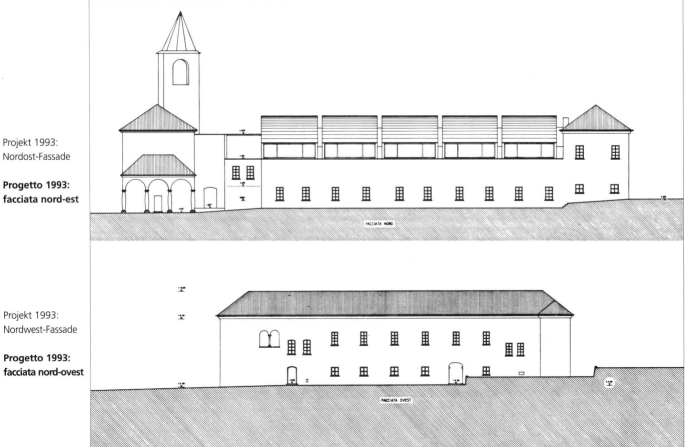

Projekt 1993:
Nordost-Fassade

**Progetto 1993:
facciata nord-est**

Projekt 1993:
Nordwest-Fassade

**Progetto 1993:
facciata nord-ovest**

Ehemaliges Kloster von Westen; vor und nach der Umstrukturierung

Ex-convento visto da ovest prima e dopo il restauro

Ehemaliges Kloster von Nordosten; Zustand 1979 und 1993

Ex-convento visto da nord-est, situazione 1979 e 1993

Innenhof,
Zustand 1979
und 1993

**Corte interna
prima e dopo
il restauro**

Portikus
1. Obergeschoß,
Zustand 1979
und 1993

**Porticato al
1° piano
prima e dopo
il restauro**

Innenhof mit Blick gegen die Kirche, Zustand 1979 und 1993

Corte interna con veduta sulla chiesa, situazione 1979 e 1993

Innenhof mit Blick auf Südost-Fassade, 1979 und 1993

Corte interna situazione 1979 e 1993

Kirche mit
provisorischem
Schulpavillon
1979 und Zustand
1993

**Chiesa e scuola
prefabbricata
prima del restauro
1979 e situazione
1993**

Korridor vor
Klassenzimmer
1993

**Corridoio delle
aule 1993**

Klassenzimmer
1993

**Veduta interna
dell'aula,
1° piano 1993**

Klassenzimmer
von der Galerie
aus gesehen 1993

**Veduta interna
dell'aula dal
mezzanino 1993**

Der Friedhof 1983 / 90

Im Friedhof finden sich, zeitlich verschoben, mehrere Eingriffe der Verdichtung: In einer ersten Phase wurden Urnengräber hinzugefügt, die aus vorfabrizierten doppelseitigen Betonelementen bestehen und mit Abdeckplatten aus schwarzem Granit versehen sind. Sie wurden auf der bestehenden kleinen, quergestellten Terrassenmauer plaziert, so daß sie beidseitig benützt werden können.

In einer zweiten Phase wurden an Stelle der beiden Grünhecken längs der Hauptachse zwei Reihen von neuen Urnengräbern eingefügt.

Außerdem wurde die erste Etappe der Erweiterung gegen die neue Turnhalle realisiert, die im Moment als Kinderspielplatz benützt wird.

Für die Verwendung als Friedhof fehlt noch die Umschließungsmauer.

Il cimitero 1983 / 90

Nel cimitero si è intervenuti in fasi diverse: in una prima tappa abbiamo inserito dei loculi, con elementi di calcestruzzo prefabbricati e con lastre di granito di Svezia nero assoluto, posandoli sul muretto esistente all'interno del cimitero. In una seconda tappa abbiamo inserito al posto delle due siepi che affiancano il percorso principale due serie di nuovi loculi.

Inoltre si è realizzata la prima tappa dell'ampliamento verso l'edificio della nuova palestra. Questa parte però è stata realizzata in modo da essere utilizzata in un primo tempo come zona di gioco per bambini. Solo in un secondo tempo essa sarà destinata definitivamente a zona cimiteriale, appena alzato il muro di cinta progettato.

Situation Friedhof mit Urnengräber von 1983 und 1990

Situazione loculi nel cimitero 1983 e 1990

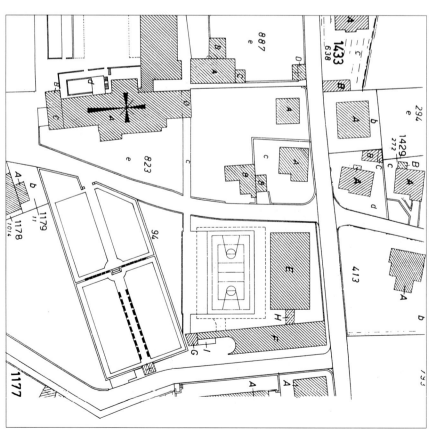

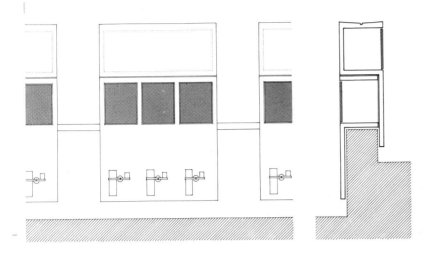
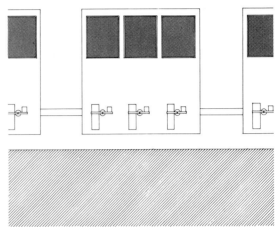

Ansicht und
Schnitt der
Urnengräber auf
der Quermauer

**Sezione
e facciate dei
loculi sopra
il muro**

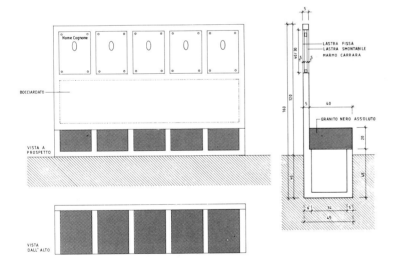

Ansicht und
Schnitt der
Urnengräber
längs des Weges

**Sezione
e facciate dei
loculi lungo il
viale**

Urnengräber auf der bestehenden Quermauer 1983

I loculi sul muro esistente 1983

Urnengräber anstelle der ehemaligen Hecken 1990

I loculi che rimpiazzano le due antiche siepi, 1990

Die Turnhalle 1979 / 84

Das Turnhallegebäude war eine der ersten Realisationen für das neue Dorfzentrum. Es definiert die Nord-Ost-Ecke der neuen Ringstraße um das Zentrum herum. Ein portiziertes Garderobengebäude schließt talseitig die terrassierten Außenräume ums Kloster herum ab. Das Gebäude stellt das erste Bezugselement für die projektierten Wohngebäude als Gürtel um das Zentrum, entlang der Straße dar. Im besonderen verweist die Turnhalle in ihrer Tiefe auf die von künftigen privaten Bebauungen einzuhaltenden Maße längs der Ringstraße.

Das Gebäude besteht aus zwei Teilen: einem Trakt mit Räumen für die Gemeindewerke sowie Nebenräumen der Turnhalle auf Straßenebene, darüber auf Niveau Friedhof die Garderoben und Serviceräume samt Portikus; der andere Trakt enthält die Turnhalle, die halb im Boden eingelassen ist. Sie wird durch einen Tunnel vom Garderobentrakt aus erschlossen. Um die ganze Aufmerksamkeit prioritär auf die räumlicharchitektonischen Aspekte der Halle legen zu können, wurden alle sporttechnischen Erfordernisse unauffällig in Bauteile integriert. Die natürliche Beleuchtung mittels eines "Sokkels" aus Glasbausteinen und einer zenitalen Lichtführung verleihen dem Raum eine fast sakrale Atmosphäre. Um diese Idee zu verstärken, wurden die Wandflächen und Decke oberhalb des "Sockels" in einem dunklen, fast schwarzen Blau gestrichen. Das erlaubt es, das Licht auf die Seitenwände in weiß gestrichenen Betonsteinen und auf den azurblauen Boden zu lenken.

La palestra 1979 / 84

L'edificio della palestra è una delle prime realizzazioni del nuovo centro. Essa definisce l'angolo nord-est dell'anello stradale di circonvallazione attorno al centro monumentale. Un ampio porticato conclude a valle gli spazi liberi e terrazzati progettati attorno al convento. L'edificio in questione rappresenta il primo elemento di riferimento per gli edifici residenziali progettati lungo la nuova cinta del centro del villaggio. In particolare suggerisce l'allineamento che i futuri edifici privati dovranno mantenere. Il fabbricato è composto da due corpi di fabbrica, uno contenente i magazzini comunali e il locale degli attrezzi a livello dell'anello stradale, e al piano superiore a livello del cimitero, il porticato e gli spogliatoi con i necessari servizi igienici. L'altro, la palestra vera e propria, seminterrata che si raggiunge dagli spogliatoi attraverso un breve cunicolo sotterraneo. Si è cercato di evitare al massimo possibile di evidenziare la parte tecnico-sportiva della stessa, portando invece tutta l'attenzione sullo spazio interno. La soluzione proposta dell'illuminazione naturale attraverso uno zoccolo vetrato, formato da elementi di vetrocemento e da una illuminazione zenitale, conferisce allo stesso un'atmosfera quasi sacrale. Per accentuare questa idea, la parte interna sopra lo zoccolo e l'intero soffitto è dipinto in un colore blu scuro, quasi nero, ciò che permette di far confluire la luce soprattutto sulle pareti laterali di mattoni di cemento tinteggiati in bianco e sul pavimento color azzurro chiaro.

Grundriß Untergeschoß

Piano seminterrato

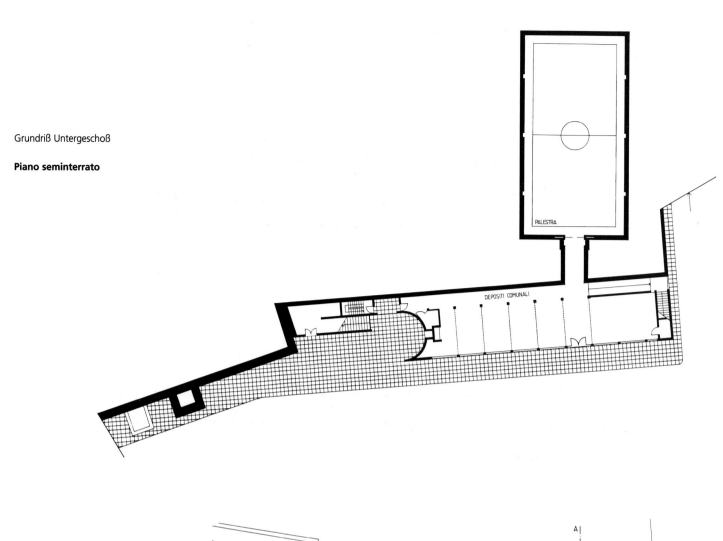

Grundriß Erdgeschoß

Piano terreno

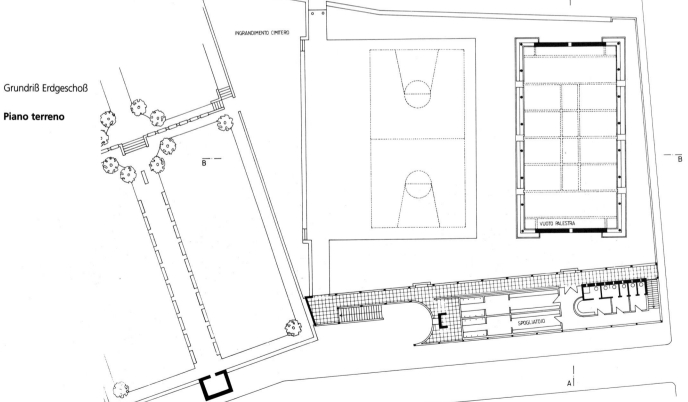

Längsschnitt
Turnhalle

**Sezione
longitudinale**

Querschnitt

**Sezione
trasversale**

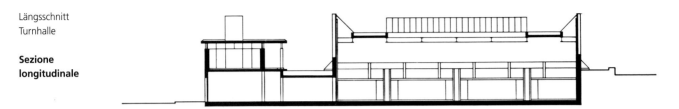

Querschnitt
Turnhalle,
Werkplan

**Sezione
trasversale
palestra,
dettaglio**

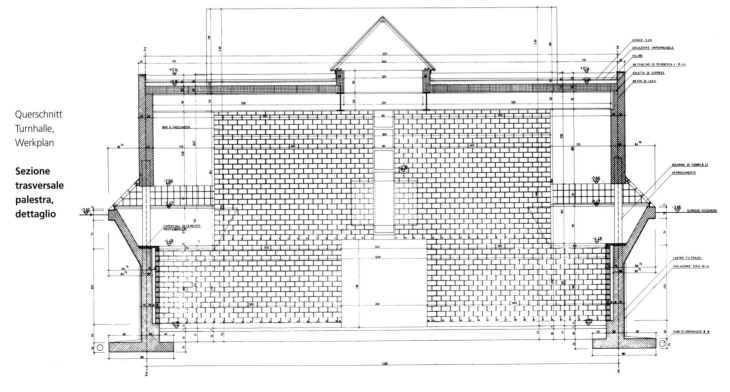

Turnhalle mit der neuen Ummauerung als Teil des Rings

Palestra e nuovo muro di cinta

Südwest-Fassade der Turnhalle

Facciata palestra

Garderobengebäude von der neuen Ringstrasse aus gesehen

Magazzini comunali visti dalla nuova strada di circonvallazione

Blick aus dem Portikus gegen die Kirche

Vista dal portico della palestra verso la chiesa

Blick auf Portikus und Turnhalle

Vista sul portico e sulla palestra

Blick aus dem Kirchenportal gegen Garderobentrakt der Turnhalle

Vista dal portico della chiesa verso l'ala degli spogliatoi

Eingang mit Garderoben

Vista interna spogliatoi

Zugang Turnhalle im Untergeschoß

Entrata alla palestra

Hallenraum

Interno palestra

Eckdetail

Particolare

Innenansicht
Halle

**Veduta interna
della palestra**

Die Baubestimmungen

Damit kommen wir zur zweiten Phase des Projektes, der den Verkehrswegeplan und die Baubestimmungen des gesamten Gemeindebezirks betraf, die teilweise zu modifizieren waren.

Der damals gültige Richtplan sah die übliche Zonenaufteilung vor, die in allen Gemeinden des Kantons unterschiedslos angewendet wird. Der Nachteil dieser rein formalen und bürokratischen Aufteilung ist bekannt: Sie ist nur ein Instrument zur quantitativen und nicht zur konkreten räumlichen Kontrolle der Bebauung einzelner Gebiete. In ihrer Allgemeinheit kann diese Vorgehensweise der Besonderheit einzelner Orte nicht gerecht werden.

Der Richtplan für Monte Carasso sah unter anderem innerhalb des Wohngebietes, das selbst das Kloster einschloß, besonders geschützte Bereiche mit kleinen Bebauungskernen aus alten Wohnhäusern, Ställen und Heuschobern vor. Diese unterlagen strengen Schutzbestimmungen, die ihre Erhaltung sichern sollten. Tatsächlich aber war dadurch in der Mehrzahl der Fälle ihre Umwandlung in Wohnhäuser oder anders genutzte Häuser praktisch unmöglich.

Der verabschiedete Richtplan sah auch vor, viele der Straßen durch Zurücksetzen der Bebauung zu verbreitern, was unvermeidlich die Zerstörung eines Großteils der Ortschaft mit sich gebracht hätte.

Ich erhielt daher auch den Auftrag, den Verkehrsplan umzuarbeiten. Der von mir vorgelegte Plan widersprach also dem Verkehrsplan der Gemeinde. Die vorhandenen Gassen und sehr markanten kleinen Straßen sollten dabei erhalten und den Fußgängern Priorität einge-

Le norme di attuazione

Si passa così alla seconda fase del progetto che riguarda il piano viario e le norme di attuazione per l'intero comprensorio del comune che dovevano parzialmente essere modificate. Il piano regolatore vigente riprendeva nel suo impianto generale gli usuali piani d'azzonamento che rappresentano la risposta ufficiale e generalizzata per tutti i comuni del Cantone. I loro limiti sono ormai conosciuti; essi tutt'al più riescono a controllare quantitativamente gli insediamenti, ma non riescono a dare indicazioni per un loro controllo spaziale.

Le loro norme sono generalizzanti e perciò non riescono a tener conto della specificità dei luoghi.

Il piano di Monte Carasso prevedeva tra l'altro all'interno della zona residenziale, che includeva persino senza distinzione il complesso conventuale, delle zone di particolare protezione, una serie di piccoli nuclei formati da vetuste abitazioni, stalle e fienili. Questi erano regolamentati da norme molto restrittive finalizzate al loro mantenimento. Ma queste rendevano di fatto, per la maggioranza dei casi, una loro trasformazione a scopo residenziale o altro, praticamente impossibile.

Il piano regolatore da noi elaborato contraddiceva pure l'intero piano viario comunale.

Infatti il nostro concetto consisteva nel mantenimento di tutto l'assetto viario preesistente, formato da vicoli e strade molto articolate e di calibro ridotto, per dare priorità al pedone. Il solo vero intervento nuovo era la formazione dell'anello alberato attorno al centro.

Il concetto del piano regolatore approvato pro-

räumt werden. Die einzige grundlegende Veränderung betraf die Anlage des Alleerings um das Ortszentrum. Nach Abschluß der ersten Phase, der Umgestaltung des Ortszentrums, begann damit - ausgehend von der Zone um das Ortszentrum - die zweite Phase, die Ausarbeitung neuer Baurichtlinien für die gesamte Gemeinde.

Die Erarbeitung neuer Bestimmungen gestaltete sich äußerst schwierig. Hauptziel der Arbeit war es, die räumliche Kontrolle der Bebauung in der Ortschaft zu erreichen, wobei dem öffentlichen Raum absoluter Vorrang eingeräumt werden sollte: den Plätzen, Straßen und Gassen. Vom planerischen Gesichtspunkt aus gesehen bestand die Schwierigkeit dabei nicht so sehr in der Planung des Ortszentrums, die im normalen Rahmen eines weitgehend von einem einzigen Architekten ausgeführten architektonischen Projektes blieb, sondern in der Erstellung von Baubestimmungen, die es mit der Zeit ermöglichen würden, um das Ortszentrum herum einen ansprechenden baulichen Kontext entstehen zu lassen.

So entschloß ich mich, die Idee des Ortszentrums auf die gesamte Ortschaft, mit Ausnahme der Hanglage, zu übertragen, um eine einheitliche Entwicklung sicherzustellen.

Die Ziele, die ich mir bei der Ausarbeitung neuer Baubestimmungen für die Gemeinde steckte, waren folgende:

1. Um das neue Ortszentrum sollte die Bebauung dichter werden.
2. Ausgehend von einer genauen Kenntnis der sehr differenzierten und heterogenen Struktur des Ortes sollte ein hochwertiger baulicher

poneva invece l'allargamento di molte strade con l'edificazione arretrata rispetto ad esse, ciò che portava inesorabilmente alla demolizione di gran parte del villaggio esistente. Fummo quindi incaricati di elaborare anche il nuovo piano viario.

Conclusa questa prima fase, cioè quella riguardante il centro monumentale progettato, si passò alla seconda fase, che fu quella di elaborare delle nuove norme edilizie per l'intero comune, iniziando dalla zona di contorno del centro del villaggio (ZPM).

La ricerca delle nuove norme fu molto laboriosa e difficile.

L'obiettivo primo fu quello di riuscire a controllare spazialmente l'edificazione del villaggio, dando assoluta priorità al controllo e alla definizione dello spazio pubblico: piazze, strade, vicoli. Da un punto di vista progettuale il momento più difficile e delicato non fu tanto quello dell'elaborazione del piano del centro, che s'inseriva nell'usuale problematica del progetto architettonico, cioè disegnato, controllato e realizzato in gran parte da un solo architetto, ma quello dell'elaborazione delle norme per permettere l'edificazione che riuscisse nel tempo a formare un contesto significativo attorno al centro progettato. Decisi quindi di estendere il concetto di Centro Monumentale a tutto il territorio comunale, salvo la zona collinare, per garantire una visione d'insieme per l'intero agglomerato. Intrapresi quindi il difficile compito per l'elaborazione delle nuove normative per il comune. Gli obiettivi che mi ero prefissato furono i seguenti:

Kontext entstehen, der den öffentlichen Bauwerken erst ihren Sinn verleihen würde, ohne dabei auf die vollständige Kontrolle jedweder privaten Bautätigkeit zurückzugreifen, die mit enttäuschenden Ergebnissen auf kantonaler Ebene durch die Kommission "Bellezze Naturali" seit längerem erprobt worden war. Daraus ergab sich die Notwendigkeit einer öffentlichen Kontrolle der Bautätigkeit, die sich lediglich auf die Frage beschränken sollte, ob sich Gebäude nach Typ und Gestalt in ihr Umfeld einfügen.
3. Die Baubestimmungen sollten stark vermindert werden, um besonders auf dem privaten Sektor eine weitgehende Freiheit bei der Planung zu erlauben; um Bestimmungen zu beseitigen, die niveauvolle Projekte schwierig oder gar unmöglich machten (wie es kantonsweit bei den Bestimmungen zur einheitlichen Bebauung oft geschieht), und um die Genehmigungsverfahren von Projekten zu beschleunigen.
4) Es sollte möglich bleiben, die festgelegten Bestimmungen von Mal zu Mal zu überprüfen und zu korrigieren.

Einen wichtigen Beitrag zur Ausarbeitung der Richtlinien leistete Dr. Adelio Scolari.

Bei der Überprüfung der neuen Bestimmungen erwiesen sich einige private Projekte in unmittelbarer Nähe des neuen Ortszentrums als sehr hilfreich, wie das Haus des Sindaco und die kleine Raiffeisen-Bank. Beide Projekte legten Mängel in den Bestimmungen offen und zwangen mich dazu, sie zu verändern.

1. La densificazione del territorio attorno al nuovo centro progettato.
2. Sulla base di una conoscenza precisa della struttura del paese, estremamente differenziata ed eterogenea, si doveva tendere alla formazione di un contesto significativo che desse senso ai "monumenti" pubblici, senza il ricorso al controllo formale di ogni intervento privato, già lungamente sperimentato a livello cantonale, tramite la Commissione delle Bellezze Naturali, con risultati deludenti. Da qui la necessità di un controllo pubblico degli interventi, che si limitasse all'impianto tipologico e morfologico del progetto rispetto al contesto.
3. La riduzione massima del numero delle norme, per permettere una più grande libertà di progettazione, in particolare nel settore privato, per evitare norme che rendessero difficili, se non impossibili, interventi di qualità (ciò che è il caso frequente nelle normative adottate sul contesto dell'intero cantone) e per sveltire la prassi di approvazione dei progetti.
4. La possibilità di verificare di volta in volta l'opportunità delle norme stabilite rispetto alla realtà.

Alla stesura delle norme diede un importante contributo il Dr. Adelio Scolari.

Per la redazione e la verifica delle nuove normative, ho avuto il vantaggio di elaborare alcuni progetti privati, proprio attorno alla nuova zona centrale, come la casa del sindaco e la piccola banca Raiffeisen. Ambedue i progetti evi-

Das neue Regelwerk umfaßt Bestimmungen, die die Nutzungsdichte auf dem Gebiet der Gemeinde mehr als verdoppeln und damit auch die Entfernungen zwischen Häusern, Straßen und Privatgrundstücken verringern sollen.

Den Kern des Werkes bilden zwei wichtige Bestimmungen. Die erste besagt, daß jeder Eingriff Rücksicht auf die vorhandene architektonische und urbanistische Struktur nehmen muß oder sich jedenfalls auf diese zu beziehen hat. Aufgrund der Schwierigkeit, einen solchen Artikel auszulegen, schlug ich die Einsetzung einer nur mit Architekten besetzten Kommission vor, deren drei Mitglieder mit der baulichen Struktur des Ortes vertraut sein sollten und die Aufgabe hätten, die vorgelegten Entwürfe zu überprüfen. Diese Kommission konnte erst nach sechs Jahren komplettiert werden, während derer ich selbst als ihr einziges Mitglied fungierte. Über die Jahre hat sich die Kommission vorrangig zu einem Beratungsgremium entwickelt und war in ihrer Arbeit außerordentlich erfolgreich.

Die zweite wichtige Bestimmung zur Kontrolle des öffentlichen Raumes, den Straßen und Plätzen, betrifft die Umfriedungsmauern, die in den meisten Bestimmungen entweder gar nicht auftauchen oder aber in ihrer Höhe sehr limitiert sind (von 80 cm bis zu 1 m).

Die Bestimmung erlaubt Umfriedungen von Grundstücken bis zu einer Höhe von 2.50 Meter. Sie ermöglicht es somit, öffentlichen Räumen deutliche Umrisse zu verleihen und auf Privatgrundstücken die notwendige Privatsphäre herzustellen.

Beim großen Problem der Parkplätze hätten sich

denziarono difetti delle norme presentate e mi obbligarono a una loro modifica.

Il nuovo regolamento, oltre alle normative tese alla densificazione del territorio comunale (indici di sfruttamento più che raddoppiati, diminuzione delle distanze dalla strade e dai fondi privati, ecc.) è accentrato su due normative importanti:

la prima che dice: "ogni intervento deve essere effettuato nel rispetto della struttura architettonica e urbanistica esistente e comunque nel confronto con la stessa."

La difficoltà d'interpretazione di un tale articolo ci ha portato alla proposta di una commissione specializzata nella "struttura del luogo" formata da soli architetti, tre membri che avessero il compito del controllo dei progetti inoltrati.

Nei primi sei anni questa commissione ha funzionato con un solo membro, il sottoscritto, e solo dopo ha potuto essere completata. Questa commissione ha assunto in questi anni, come ruolo primario, quello di consulenza, con esiti estremamente positivi.

La seconda norma che permette un controllo degli spazi pubblici, come strade e piazze, è quella che riguarda i muri di cinta, che nella maggior parte dei regolamenti esistenti, o non sono previsti o sono limitati ad altezze estremamente ridotte (80 cm fino ad 1 metro). Questo articolo permette la recinzione dei fondi fino a m 2.50 d'altezza e oltre alla definizione degli spazi pubblici permette di ridare alla residenza privata la necessaria privacy.

Il grosso problema dei posteggi non è stato

radikale Lösungen nur um den Preis angeboten, die Zustimmung der Bevölkerung und der Behörden für die neuen Richtlinien aufs Spiel zu setzen. Es schien mir daher opportun, hier keine zu weit gehenden Vorschläge zu unterbreiten. Indirekt wurde jedoch die Ausweisung von Parkraum praktisch erschwert, und zwar aufgrund der Bestimmung über die Einfriedungen und durch die engen und verwinkelten Straßen und Gassen, die mein Richtplan in dieser Form bewahrt, während der frühere Plan ihre Verbreiterung vorsah.

Für Fälle, in denen keine Möglichkeit zur Anlage privater Parkplätze besteht, sehen die Bestimmungen zudem die Entrichtung einer Pachtgebühr für einen öffentlichen Parkplatz vor.

Vorschriften dieser Art sind von der Kommune nicht leicht zu kontrollieren. Alles hängt vom Engagement der jeweiligen Kontrolleure und dem Vertrauen ab, das diese bei den politisch Verantwortlichen genießen, denn in letzter Instanz sind sie es, die entscheiden.

In Anbetracht der uneinheitlichen urbanen Struktur der Ortschaft verbat sich eine allzu einheitliche Reglementierung. Die neuen Bestimmungen erlauben daher bei einzelnen Projekten sehr unterschiedliche Lösungsansätze, eine Freizügigkeit, die auf rechtliche Bedenken stieß. Es war fraglich, ob unter solchen Vorzeichen die Gleichbehandlung aller Bürger noch zu gewährleisten wäre, doch ist es im Fall von Monte Carasso bis heute zu keinerlei Rechtsstreitigkeiten gekommen. Die praktische Anwendung der Bestimmungen hat entgegen allen düsteren Befürchtungen ihre Effektivität unter Beweis gestellt.

affrontato in maniera radicale. Si è evitato per questioni d'opportunità politica e per garantire l'approvazione delle nuove normative da parte della popolazione e delle autorità, di proporre norme troppo limitative.

Ma indirettamente l'obbligo delle recinzioni e la struttura di gran parte dei vicoli e strade esistenti, estremamente esigua e articolata, che il piano conferma in opposizione al piano regolatore precedente che ne prevedeva un sensibile allargamento, rendono in pratica difficile l'inserimento di posteggi.

Per questo motivo le norme permettono, nel caso d'impossibilità pratica della costruzione di un posteggio privato, di supplire ad esso tramite il versamento di una certa aliquota a favore di un posteggio pubblico.

Questo genere di normativa non è sicuramente di facile controllo da parte dei tecnici del comune. Tutto dipende dalla qualità della Commissione preposta al controllo e dei rapporti di grande fiducia tra essa e le autorità politiche, che restano pur sempre l'organo decisionale.

Data l'eterogeneità della struttura urbana, non è possibile rispondere omogeneamente alle diverse situazioni.

Le norme permettono così di proporre soluzioni assai diversificate per i singoli interventi. Questo aspetto del problema, che fu ritenuto giuridicamente problematico, per poter garantire un trattamento equo per ogni abitante, nel caso di Monte Carasso, non ha mai finora portato a conflitti giuridici.

La messa in pratica della norma, contro ogni

Vor allem zwei Bauten waren es, die bei der Formulierung der Baurichtlinien eine wichtige Rolle spielten:
Das Haus des Bürgermeisters und die Raiffeisen-Bank.

Besonderheiten der Baubestimmungen des Richtplanes von Monte Carasso

Dr. Adelio Scolari

1. Baubestimmungen stellen einen entscheidenden Bestandteil jedes Richtplanes dar, da sie die Funktion der einzelnen Nutzungszonen definieren und dabei ihren juristischen Status festlegen. Namentlich aus solchen Richtlinien sind die Modalitäten und Kriterien ersichtlich, nach denen die Gebietskörperschaften und privaten Bauträger bei der Umsetzung des Planes vorgehen.

In der Vergangenheit waren die Nutzungsbestimmungen von Privateigentum detailliert, langwierig und so formuliert, daß sie schwer zu verstehen waren. Die Folge waren Bürokratisierung und nichtige Rechtsstreitigkeiten, die wenig oder nichts mit der urbanen Qualität der Orte und der rationellen und behutsamen Nutzung des Bodens zu tun hatten. Die Fähigkeit, sich um die öffentlichen Belange zu kümmern, blieb dabei im Gegenteil beinahe auf der Strecke (wie sich zum Beispiel an der Piazza Grande in Locarno gezeigt hat).

2. Die Gemeinde Monte Carasso erkannte als eine der ersten die Notwendigkeit einer *positiv verstandenen* und angewendeten lokalen Planung, indem sie die Hauptziele und die wesentlichen Kriterien und Normen vorgab und der Planung öffentlicher Einrichtungen ihre gesteigerte Aufmerksamkeit schenkte. Die Bestimmungen mußten daher allgemein gefaßt werden, um so den Behörden bei der Einschätzung und Regulierung besonderer Fälle einen weitgehenden Ermessensspielraum zu belassen. Besonders aufgrund der Feststellung, daß der wertvollste Teil der Ortschaft nach den dürftigen Vorgaben des Durchführungs- und Ergänzungsgesetzes (LAC) des Zivilen

più nera previsione ha dimostrato la sua pertinenza e fattibilità.
Gli edifici che hanno servito alla formulazione delle norme edilizie furono principalmente due : La casa del sindaco e la banca Raiffeisen.

Peculiarità delle norme del piano regolatore di Monte Carasso

Dott. Adelio Scolari

1. Le norme costituiscono una componente fondamentale di ogni piano regolatore siccome definiscono la funzione delle singole zone di utilizzazione, precisando lo statuto giuridico. È in particolare dalle norme che si possono dedurre le modalità e i criteri con cui il piano sarà attuato, sia da parte dell'ente pubblico che da parte dei privati.

In passato la normativa d'uso della proprietà era minuziosa, esasperante, di difficile comprensione (linguaggio), ciò che favoriva il sorgere di fenomeni di burocratizzazione e contestazioni per questioni futili, che nulla o ben poco avevano a che vedere con la qualità urbanistica dei luoghi e con l'uso razionale e parsimonioso del suolo. Al contrario, la disciplina delle cose pubbliche veniva pressochè trascurata.

2. Il Comune di Monte Carasso ha, tra i primi, avvertito la necessità di una pianificazione locale concepita e applicata in *maniera positiva*, fissando gli obiettivi principali, i criteri e le norme essenziali e riservando alla pianificazione delle cose pubbliche un'attenzione accresciuta. Le norme dovevano perciò essere pensate e concepite per la generalità dei casi, lasciando all'autorità competente la possibilità di negoziare, di apprezzare e di regolare le situazioni particolari. E' specialmente dalla costatazione che la parte più pregiata del Comune era pure sempre quella costruita sulla base delle scarne disposizioni della Legge di applicazione e complemento del Codice

Gesetzbuches (ZGB) der Schweiz vom 18. April 1911 errichtet worden war, die das ZGB seinerseits aus den alten Zivilkodices des Tessins von 1882 und 1837 übernommen hatte, reifte die Idee einer gesetzlichen Vereinfachung heran - hier unter dem Gesichtspunkt einer qualitativen Verbesserung der Bautätigkeit auf dem Ortsgebiet. Von besonderer Bedeutung sind in diesem Zusammenhang die Artikel 3 und 39 des Gesetzes. *Artikel 3* betont die Pflicht, den Boden rationell und mit Maß zu nutzen und fährt dann fort: "die baulichen Maßnahmen im allgemeinen und die Errichtung von Gebäuden im besonderen sind mit Rücksicht auf die Beschaffenheit des Grundstücks und die vorhandene architektonische, urbanistische Struktur durchzuführen oder haben sich jedenfalls auf diese zu beziehen"; und weiter heißt es, daß "in der Regel ein vernünftiges Verhältnis zwischen bebauten und unbebauten Flächen bestehen" solle. Wie man sieht, handelt es sich hier um diffuse juristische Bestimmungen, die der architektonischen Ausdrucksfreiheit privater Bauträger einen weiten Spielraum und den Behörden viel Macht bei der Genehmigung einräumen. *Artikel 39* sieht die Einsetzung einer speziellen Expertenkommission vor, um die korrekte und kohärente Durchführung dieser Bestimmungen zu gewährleisten. Sie hat die Aufgabe, private Bauträger bei der Nutzung ihrer Grundstücke zu beraten und alle umfänglicheren öffentlichen und privaten Projekte zu untersuchen und zu beurteilen. Natürlich kann die Meinung der Kommission für die Gemeinde, der das Recht zur Erteilung von Baugenehmigungen zusteht, nicht bindend sein. Dennoch ist sie nicht ohne rechtliche Bedeutung, insofern die Kommission ja besonders die Auswirkungen baulicher Veränderungen auf ein Gebiet zu beurteilen hat. In rechtlicher Hinsicht können die Behörden daher nur aufgrund triftiger und stichhaltiger Gründe die Empfehlungen einer gesetzlich verankerten Kommission außer acht lassen.

3. Abgesehen von der denkmalgeschützten Zone und der Zone "Monti di Mornera" gelten die Bestimmungen zu *Abständen und Höhen* in allen Zonen.

a) Die *Abstände von Bauten* zu Privatgrundstücken wurden weitgehend den Art. 120, 121, und 124 des Duchführungs- und Er-

civile svizzero, del 18 aprile 1911 (LAC), che a sua volta le aveva riprese da vecchi Codici civili ticinesi del 1882 e del 1837, che maturò l'idea di una semplificazione legislativa, pur nell'ottica di un miglioramento qualitativo degli interventi sul territorio. Sono specialmente significative al proposito le enunciazioni degli articoli 3 e 39.

L'articolo 3, dopo aver ribadito che il suolo dev'essere utilizzato in modo razionale e con misura, dispone che "gli interventi sul territorio in genere e quelli edilizi in particolare devono essere effettuati tenendo conto della natura del fondo e della struttura architettonico/urbanistica esistenti e comunque nel confronto con la stessa", che "deve di regola esistere un rapporto ragionevole tra supeficie edificata e spazi liberi". Come ben si vede, si tratta di disposizioni giuridiche indeterminate, che lasciano un'ampia libertà d'espressione architettonica ai privati e un ampio potere di apprezzamento all'autorità. Specialmente al fine di assicurare una corretta e coerente applicazione di queste disposizioni, *l'articolo 39* prevede l'istituzione di una speciale commissione d'esperti, avente per compito di fornire ai privati la necessaria consulenza circa l'utilizzazione edilizia dei fondi, nonché di esaminare e preavvisare tutti i progetti pubblici e privati d'incidenza territoriale. Il parere della commissione non può ovviamente essere vincolante in assoluto per il Municipio, cui compete di concedere la licenza edilizia. Non per questo è privo di significato giuridico, specie allorchè si tratta di apprezzare la portata intrinseca di un intervento sul terreno. Secondo la giurisprudenza, solo ragioni valide e pertinenti permettono all'autorità competente di scostarsi dal preavviso di una commissione istituita dalla legge.

3. Fatta eccezione per la zona di protezione monumentale e per la zona dei Monti di Mornera, *distanze e altezze* sono uguali per tutte le zone.

a) Le *distanze per le costruzioni* verso i fondi privati sono state sostanzialmente riprese direttamente dalla LAC, art. 120, 121 e 124, che hanno retto l'edificazione dei luoghi per centocin-

gänzungsgesetzes entnommen, die bereits seit 150 Jahren gültig sind. Besonders können neue Gebäude ohne Öffnungen gegen ein unbebautes oder einfach umfriedetes Grundstück auf die Grenze gestellt werden, mit Öffnungen gelten 2 m Abstand von der Grenze. 4 m Gebäudeabstand sind gegenüber einem bestehenden Bau mit Türen und Fenster einzuhalten, 3 m wenn nur Öffnungen ohne Sichtfunktion vorhanden sind. Gegenüber bestehenden Gebäuden ohne Öffnungen kann angebaut werden. Diese Abstände können um ein Viertel reduziert werden wenn die Gebäude in der Tiefe gegeneinander versetzt sind. Die Bestimmungen für die Tür- und Fensteröffnungen folgen den entsprechenden Bestimmungen in den Art. 125ff (LAC). Die Abstände neuer Gebäude von Straßen und öffentlichen Plätzen in Bauzonen werden durch besondere Pläne festgelegt. Wo dies nicht geschieht, können Gebäude direkt an der Grundstücksgrenze errichtet werden. Bedeutsam ist hier, daß damit die *absolute Abstandspflicht*, die früher bestand, aufgehoben wurde.

b) Bei der *Gebäudehöhe* wurde eine Marge von zwei Metern für Dachterrassen auf Flachdächern eingeräumt, um besonders bei dichter Bebauung und kleinen Grundstücken die Anlage und Nutzung von geschützten Privatbereichen zu begünstigen.

4. An Straßen und öffentlichen Plätzen müssen Baugrundstücke mit *Grundstücksmauern* von mindestens 80 cm und höchstens 2.50 m Höhe umfriedet werden. Ziel dieser Bestimmung ist die deutliche Trennung des öffentlichen Raums vom Privateigentum und eine erhöhte Sicherheit. Aus diesem Grund wurden Mauerhöhen bis 2.50 zugelassen, durch die Eigentümer ihre Grundstücke auch vor Emissionen (Staub, Lärm etc.), vor Wind und vor den neugierigen Blicken der Passanten schützen können.

5. Eine weitere Neuheit betrifft die Parkplätze. Ist es dem Eigentümer nicht möglich, Parkraum auf seinem Grundstück zu schaffen, zahlt er der Gemeinde eine jährliche Pachtgebühr (5% der durchschnittlichen Kosten für den Bau eines Parkplatzes unter Berücksichtigung der Baulandkosten). Nur wenn die Gemeinde keinen Parkraum zur Verfügung stellen kann, bleibt es bei der üblichen Ersatzabgabe.

quant'anni. Nuove fabbriche possono in particolare essere erette, verso un fondo aperto o semplicemente cinto, a confine senza aperture, a due metri dal confine con aperture; a quattro metri da un edificio esistente con porte, finestre o altre aperture a prospetto e a tre metri se nell'edificio vi sono solo aperture a semplice luce (aperture che non permettono la vista); in contiguità verso un edificio senza aperture. Dette distanze sono ridotte di un quarto ove trattasi di veduta laterale (non a prospetto). La qualità delle aperture si determina secondo le corrispondenti norme del diritto civile (art, 125ss LAC). Di rilievo il fatto che *l'ordine non contiguo non sia più regola assoluta*. Le distanze per le nuove costruzioni dalle strade e piazze pubbliche nelle zone edificabili sono fissate da uno speciale piano; ove non siano fissate si può costruire a confine.

b) Quanto *all'altezza degli edifici* da segnalare il bonus di due metri per la formazione di terrazze sui tetti piani, favorendo così la formazione e l'utilizzazione di spazi discreti e pregiati, specie in ambiti ristretti e quando la superficie del fondo è ridotta.

4. Verso strade e piazze pubbliche è obbligatoria la *recinzione dei fondi* edificandi con muri di cinta dell'altezza minima di cm 80 e massima di m 2.50. Scopo di quest'obligo è quello di una chiara separazione dello spazio viario pubblico dalla proprietà privata, di migliorare la sicurezza delle persone e delle cose. L'aumento facoltativo dell'altezza fino a m 2.50 permette di completare ancor meglio questo scopo, proteggendo l'area privata dalle immissioni (polvere, rumori ecc.), dai venti e dalla vista indiscreta dei passanti.

5. Una primizia nella materia concerne infine il problema dei posteggi: quando il proprietario non potesse eseguirli su suolo privato, dovrà innanzi tutto prenderli in concessione dal Comune (canone di locazione annuale del 5% del costo medio di costruzione, incluso il valore del terreno); solo subordinatamente, ove il Comune non ne avesse per la concessione, sarà tenuto a pagare il contributo sostitutivo noto nella prassi.

Das Haus des Bürgermeisters 1984

Entworfen und errichtet wurde dieses Gebäude noch vor Fertigstellung des Stadtringes, der um das Ortszentrum herumführt. Einige Planungsentscheidungen erwiesen sich dabei für die Ausarbeitung neuer Baubestimmungen als sehr wichtig. Das Gebäude sollte sich in eine Straßenecke an der äußeren Südwestseite des geplanten Ringes fügen. Diese exponierte Lage erlaubte es, dem Haus im Hinblick auf die geplante Straße noch vor ihrer Fertigstellung bereits die Funktion eines Bezugspunktes zu geben. Deshalb entschied ich mich für ein Gebäude mit vier Stockwerken, das beinahe wie ein kleiner Turm wirkt. Am Haus und seiner Umgrenzungsmauer, die sich am Rand des Bürgersteigs, und nicht, wie es die damals gültigen Vorschriften verlangten, zurückversetzt befand, konnte ich überprüfen, ob sich die vorbereiteten Richtlinien bewährten. Auf der Suche nach der historischen Kontinuität des Ortes griff ich bei der Konzeption des Projektes auf den landwirtschaftlichen Charakter der Region zurück, in der heute Wein angebaut wird, wobei die Reihen der Rebstöcke mit ihrem Gleichmaß und ihrer Ordnung zum Leitmotiv meiner Planungsarbeit wurden. Es ist dieses Gleichmaß und diese Ordnung, die ich im inneren Aufbau des Gebäudes und bei der Anlage der Außenflächen, wo eine Pergola den Abschluß der Umgrenzungsmauer bildet, aufzunehmen versuchte. Die Pergola repräsentiert dabei nichts anderes als einen Rebstock, der sich in ein Manufakt verwandelt hat. Das Haus des Bürgermeisters sollte so von Anfang an die Straßenecke des Stadtringes und die Grenze des davor liegenden Bürgersteiges beherrschen.

La casa del sindaco 1984

Questo edificio è stato progettato e realizzato prima che fosse realizzato l'anello di circonvallazione del centro. Alcune decisioni furono estremamente importanti per la ricerca delle nuove norme di costruzione. Esso veniva ad inserirsi proprio nell'angolo sud-ovest all'esterno dell'anello stradale progettato. La sua posizione nell'angolo ci ha permesso d'inserire un fabbricato che diventasse elemento di riferimento importante per la comprensione del nuovo impianto progettato, prima ancora della realizzazione completa dello stesso.

Per accentuare questa sua funzione pubblica, l'abbiamo portato a 4 piani assumendo l'aspetto di una piccola torre. L'edificio e il suo muro di cinta posti sul limite del marciapiede e non arretrati come lo volevano le norme allora vigenti, servirono di verifica dei regolamenti in studio. Per questo progetto ci siamo riferiti agli elementi esistenti della struttura agricola del terreno nella ricerca di una continuità storica della struttura del sito. Infatti il terreno è oggi utilizzato a vigna. E saranno proprio questi filari di vigna, con le loro misure e il loro ordine che guidano la nostra ricerca progettuale. Il progetto non fa che riprenderle nell'impianto interno dell'edificio e per la sistemazione delle parti esterne come la pergola al termine del muro di cinta. Esso non è altro che l'antico filare di vigna trasformato in manufatto.

E' quindi l'edificio stesso che definisce fin dall'inizio l'angolo del nuovo anello di circolazione e il limite del futuro marciapiede.

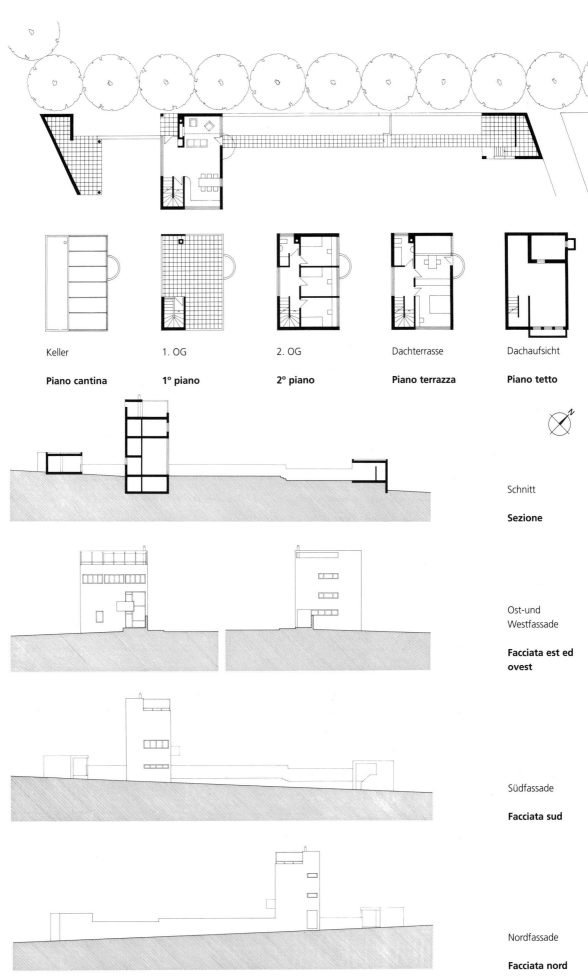

Die Gartenmauer ersetzt die Rebzeile

Il muro di cinta sostituisce il filare di vigna

Fassade längs der neuen Ringstraße

Facciata lungo la nuova strada di circonvallazione

Blick von der neuen Ringstraße auf die Hausecke

Veduta dalla nuova strada di circonvallazione

Blick aus dem Wohnzimmer auf die Pergola

Vista dal soggiorno sulla pergola

Die Raiffeisenbank   1984

Das Bankgebäude stellt das erste Element einer in Zukunft geschlossenen Häuserzeile an der neuen Piazza des Ortes dar. Im Gegensatz zu den vorhandenen Gebäuden hat die Bank drei Stockwerke. Sie grenzt direkt an ein anderes Gebäude. Daneben begann hier auch die Arbeit am ersten Teilstück des Alleeringes, für den die ersten beiden Bäume gepflanzt wurden. Das Projekt bot Gelegenheit, die neue Bestimmung für die Umfriedungen auszuprobieren, nach der die Errichtung von Umgrenzungen bis zu 2.50 Meter Höhe möglich ist, so daß der umfriedete Garten Raum für Anbauten bietet und zudem einen geschützten Bereich bildet. Der Bankeingang in der Hauptfassade wurde mit einem Kunstgriff betont: die Schaffung einer geschlossenen Fassade mit abschließendem oberen Gesims, die in die große verglaste Öffnung gestellt ist. Sie übernimmt die Höhe der bestehenden umgebenden zweigeschossigen Bebauung, während der neue Baukörper die nun zulässigen 3 Geschoße markiert. Dieser Kunstgriff erlaubt in der Anfangsphase der Bildung des neuen Fassadenprospekts auf die Piazza eine Einbindung in die bestehende Fassadenabwicklung. Die Schnittlösung mit halbgeschoßig versetzten Bereichen wurde gewählt um alle Ebenen zu besonnen, womit der Nachteil der Orientierung der Hauptfassade gegen den Platz relativiert wird. Die Verteilung der Wohnräume auf drei versetzten Ebenen ermöglicht es den zentralen Erschließungskorridor über die ganze Höhe freizuhalten. Dieser gewährleistet eine visuelle Beziehung zwischen Schlafräumen und dem um ein halbes Geschoß erhöhten Wohnzimmer auf die Piazza. Diese Geschoßverschiebung erlaubt es zudem, der Schalterhalle der Bank eine angemessene Höhe zu geben.

La banca Raiffeisen   1984

Questo edificio rappresenta il primo elemento di quello che in un futuro sarà il fronte costruito della nuova piazza del villaggio.
Si decide per la contiguità e per un'altezza di tre piani invece che dei due degli edifici esistenti. Si realizza il primo frammento del viale alberato progettato sul nuovo anello, piantando già i primi due alberi.
Per il resto si sperimenta per la prima volta la nuova regola delle recinzioni fino a m 2.50 d'altezza, che permette nel giardino la costruzione degli annessi utili all'edificio e permette soprattutto di garantire la necessaria privacy.
Nella facciata principale, l'ingresso della banca è evidenziato con un artificio: la creazione di una facciata con cornicione che appare come inclusa nel grande vuoto vetrato. Essa riprende l'altezza di due piani degli edifici esistenti, mentre l'edificio stesso raggiunge l'altezza dei tre piani. Questo accorgimento permette nella fase iniziale della formazione del nuovo fronte sulla piazza un adattamento con gli edifici esistenti. La sezione con piani sfalsati dell'edificio è concepita per far entrare il sole attraverso tutti i locali dell'appartamento ai piani superiori: questa soluzione consente di aggirare il difetto d'orientamento della facciata nord sulla piazza. La divisione tripartita dell'appartamento lascia il corridoio centrale libero su tutta l'altezza connettendo visivamente le camere-celle e il soggiorno sulla piazza, rialzato di mezzo livello, aumenta in corrispondenza l'altezza dell'atrio per il pubblico della banca al piano terra.

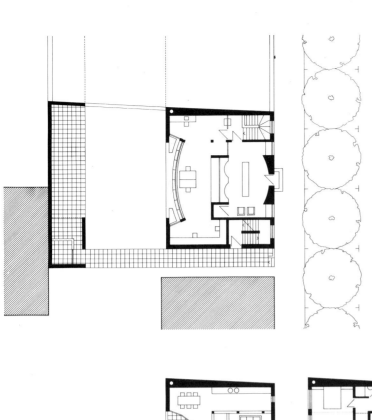

Grundriß
Erdgeschoß

Piano terreno

2. OG	1. OG	Keller
2° piano	**1° piano**	**Piano cantina**

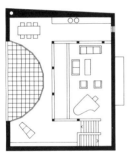  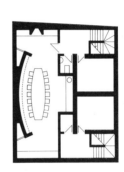

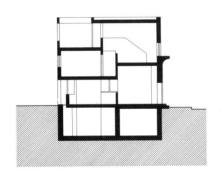

Schnitt

Sezione

Nordostfassade   Südwestfassade

Facciata nord-est   **Facciata sud-ovest**

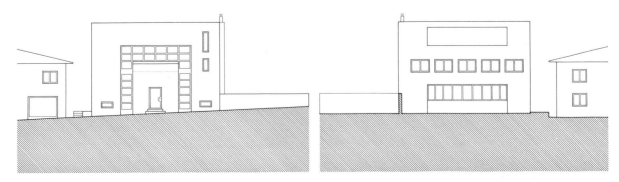

65

Hauptfassade auf den neuen Zentrumsring

Facciata principale sul viale alberato

Bankeingang

Ingresso alla banca

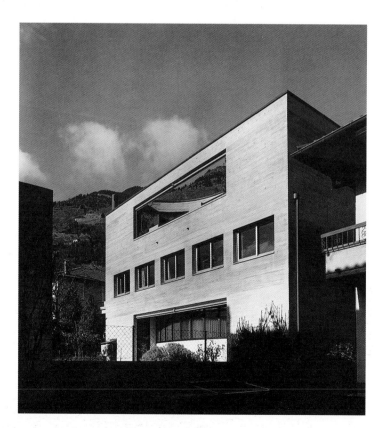

Rückfassade

Facciata posteriore

Testfälle für die neuen Baubestimmungen

Verifica delle nuove normative

Die folgenden geplanten oder bereits realisierten Projekte im Inneren des Ortszentrums sollten exemplarisch zur Überprüfung der neuentwickelten Bestimmungen dienen. Wo ihre Formulierung sich als hinderlich für die Verwirklichung der Zielvorgaben erwies, wie sie im Kommentar zu den Bestimmungen zusammenfassend festgehalten sind, habe ich die Bestimmungen überdacht und modifiziert. Dies war der Fall bei den ersten beiden realisierten Gebäuden, dem Haus des Bürgermeisters und der Raiffeisen-Bank, weil ersteres die in den Bestimmungen vorgeschriebene Höhe von drei Stockwerken überstieg und weil ich bei der Bank den ursprünglich vorgesehenen Index 1.00 überschritt.

In questo capitolo esporrò una serie di progetti e realizzazioni all'interno della zona centrale del villaggio, che avevano come primo obiettivo quello della verifica delle nuove norme. Nel caso esse si dimostrassero d'impedimento al raggiungimento degli obiettivi prefissati esposti in maniera sintetica nel commento delle norme stesse, si optava per una rimessa in discussione delle stesse ed a una loro modifica.

Ciò che fu il caso per i primi due edifici realizzati, quello della casa del sindaco e della banca Raiffeisen, il primo perché superava l'altezza di tre piani proposta dalle norme, il secondo perché superava l'indice di 1.00 proposto.

Übersichtsplan mit Beispielen projektierter und realisierter Bauten nach dem neuen Richtplan

Esempi di progetti e realizzazioni secondo il nuovo piano regolatore, in ordine cronologico

Öffentliche Realisierungen	Private Realisierungen	Private Realisierungen anderer Architekten	Realizzazioni pubbliche	Realizzazioni private	Realizzazioni private di altri architetti
1. Rathaus (Restauriert 1980) 1912	9. Casa des Bürgermeisters (Haus Guidotti) 1984	15. Haus Giacolini Arch. Roberto Briccola 1990	1. Municipio, (restauro 1980) 1912	9. Casa del Sindaco (casa Guidotti) 1984	15. Casa Giacolini Arch. Roberto Briccola 1990
2. Wohnzeile "Verdemonte" (Projekt 1:100) 1974	10. Bank Raiffeisen 1984	16. Haus Moser (Aufstockung) Arch. Renato Magginetti 1990	2. Casa d'appartamenti "Verdemonte" (progetto 1:100) 1974	10. Banca Raiffeisen 1984	16. Casa Moser (sopraelevazione) Arch. Renato Magginetti 1990
3. Primarschule im alten Kloster 1979 / 87-93	11. Haus Rapetti (Projekt 1:50) 1987	19. Wohngebäude "Romitaggio" (Projekt) Arch. Aurelio Galfetti 1992	3. Scuola elementare nel l'ex-convento 1979 / 87-93	11. Casa Rapetti (progetto 1:50) 1987	19. Residenza Romitaggio (Progetto) Arch. Aurelio Galfetti 1992
4. Turnhalle mit Werkräumender Gemeinde 1979 / 84	12. Haus Morisoli Natalino 1988	20. Wohngebäude Arch. Mario Botta 1992	4. Palestra e magazzini comunali 1979 / 84	12. Casa Morisoli Natalino 1988	20. Edificio residenziale Arch. Mario Botta 1992
5. Kindergarten (Projekt) 1979	13. Haus Morisoli Giorgio (Umbau) 1989	21. Haus Rapetti 2 Arch. Cristiana Storelli 1993	5. Scuola materna (progetto) 1979	13. Casa Morisoli Giorgio (riattazione) 1989	21. Casa Rapetti 2 Arch. Cristiana Storelli 1993
6. Friedhof (Urnengräber) 1983 / 90	14. Mietwohnhaus der Kirchgemeinde (Projekt) 1990		6. Cimitero realizzazione loculi 1983 / 90	14. alloggi per la parrocchia (progetto) 1990	
7. Neue Ringstrasse 1984	17. Überbauung "Morenal" 1990-96		7. Anello viario 1984	17. Quartiere "Morenal" 1990-96	
8. Garderoben des Sportplatzes 1984	18. Doppeleinfamilienhaus Guidotti 1991		8. Spogliatoi unione sportiva 1984	18. Case fratelli Guidotti (casa doppia Guidotti) 1991	
	22. Haus d'Andrea 1994			22. Casa d'Andrea (sopraelevazione e piscina) 1994	
	23. Haus Guidotti Antonio 1995			23. Casa Guidotti Antonio 1995	
	24. Haus Guidotti Massimo (Projekt) 1995			24. Casa Guidotti Massimo (progetto) 1995	

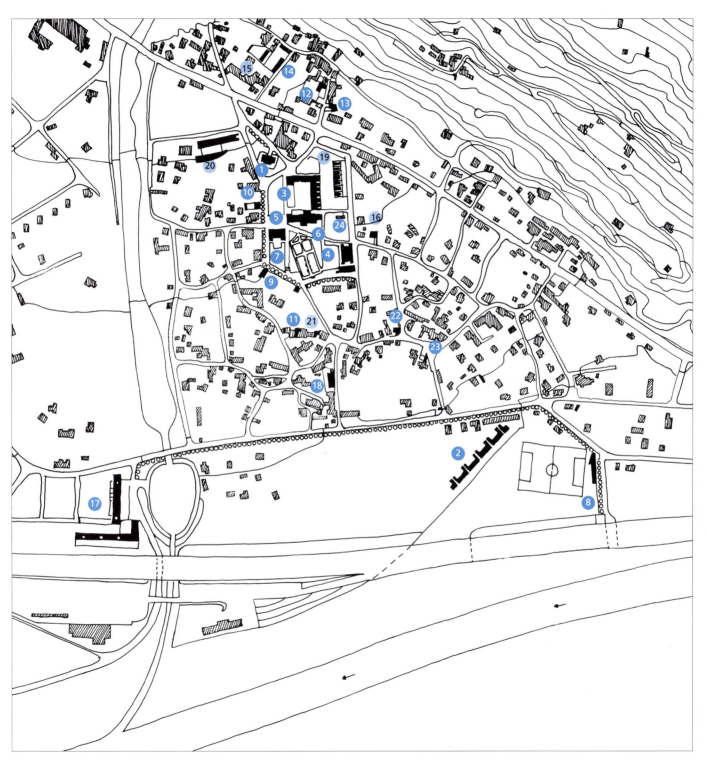

Häuser Morisoli — 1988 / 89

Das Projekt N. Morisoli basiert einerseits auf dem Konzept der maximalen Verdichtung, andererseits der Ummauerung der Parzelle auf den Grenzen gegen den öffentlichen Raum sowie der Abschaffung von Grenzabständen gegen Nachbarn und Straßen. Im Weiteren galt es, die spezifischen Merkmale des Ortes zu respektieren und in den Entwurf zu integrieren. Das Haus ist so situiert, daß später ein zweites Haus angebaut werden kann. Die generelle Stellung entspricht grundsätzlich derjenigen der umgebenden Gebäude (Wohnhäuser mit Anbauten). Die Umfassungsmauern definieren den öffentlichen Raum der Gassen. Der gleiche Ansatz wurde für die Restaurierung eines kleinen Hauses (G. Morisoli) gegenüber übernommen. Durch die Ummauerung einer Restfläche vor dem Haus kann der Straßenraum wieder definiert werden, zugleich wird diese Fläche als Außenbereich der Wohnung wieder zurückgewonnen.

Case Morisoli — 1988 / 89

Il progetto si basa sul concetto di massima densificazione, quello dell'obbligo della delimitazione dei fondi con muri di cinta, dell'abolizione degli obblighi di distanza dalla strada e dai confini con altre proprietà, e in generale il concetto che prevede che ogni edificio debba tenere conto della struttura specifica del luogo. L'edificio è situato in modo da permettere in futuro la costruzione di una seconda casa. L'impianto generale riprende fondamentalmente quello degli edifici vicini esistenti (abitazione + elemento accessorio). I muri di cinta definiscono lo spazio pubblico del vicolo. Lo stesso criterio è stato assunto per il restauro di una piccola casa sul lato opposto del vicolo. Tramite la recinzione di un'area residua davanti all'edificio si è ridefinito lo spazio della strada e si è riqualificata contemporaneamente questa area come soggiorno esterno dell'abitazione.

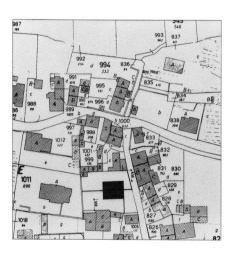

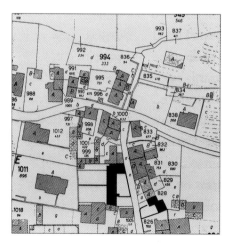

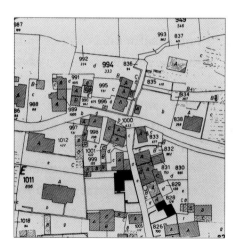

Mögliche
Bebauung nach
altem Richtplan

Projekt nach
neuem Plan

Ausgeführter
Plan

**Possibilità edificatoria
secondo il vecchio
piano regolatore**

**Il progetto secondo
il nuovo
piano regolatore**

Realizzazione

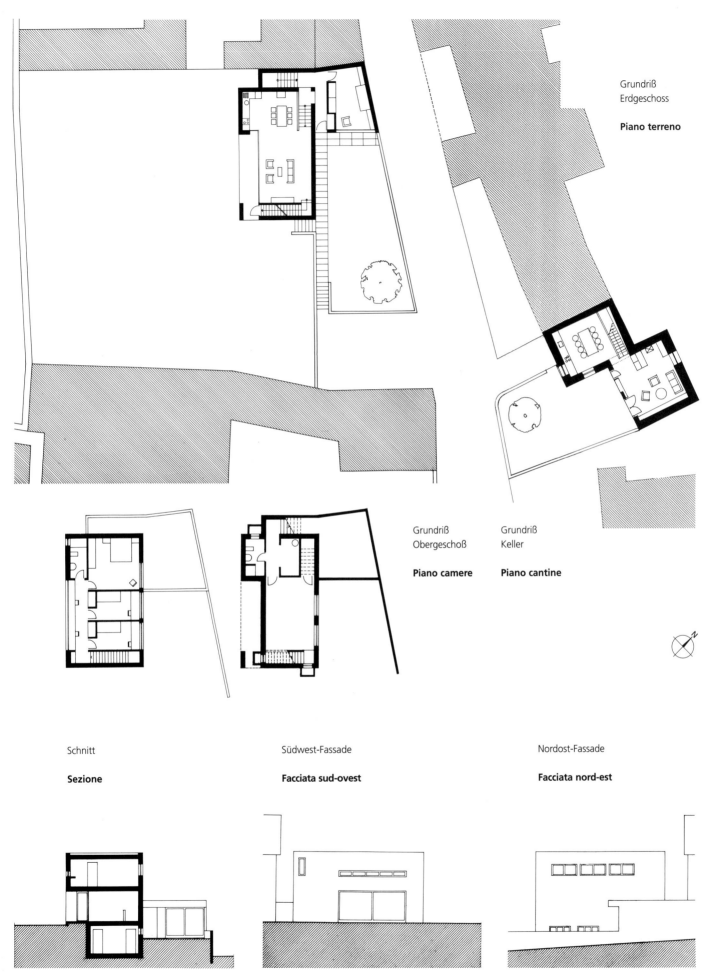

Haus G. Morisoli:
Gartenmauer
gegen die Straße

**Casa
G. Morisoli:
muro di cinta
sulla strada**

Privatisierter
Außenbereich

**Spazio esterno
privatizzato**

Haus N. Morisoli: Gartenfassade

Casa N. Morisoli: facciata sul giardino

Blick gegen Westen

Vista dalla strada verso monte

Blick gegen Süden

Vista dalla strada verso valle, in primo piano l'edificio esistente con l'autorimessa

Mietwohnhaus der Kirchgemeinde 1990

Das für Sozialwohnungen verschiedener Größe projektierte Gebäude besteht aus zwei Elementen: das erste längs der Straße mit einem Portikus als Abstellfläche für Autos; das zweite, rechtwinklig dazu, steht entlang eines Fußwegs der über ein bestehendes Tor an der Straße erschlossen ist. Das Gebäude steht mit zwei Fassaden auf der Parzellengrenze, was nach früherem Reglement nicht möglich war. Diese Maßnahme erlaubt eine hohe Dichte, ohne die Wohnqualität zu beeinträchtigen. Gleichzeitig wird die Erhaltung einer größtmöglichen Fläche für die internen Gärten erreicht.

Alloggi per la parrocchia 1990

Concepita per rispondere ad un programma di alloggi popolari di varie grandezze, la casa è formata da due corpi di fabbrica: il primo lungo la strada, con un portico per il parcheggio delle macchine; il secondo lungo un sentiero pedonale al quale si accede attraverso un portale preesistente. La costruzione sul limite del lotto - proibita dal precedente regolamento edilizio - consente di ottenere un'alta densità, pur nel rispetto della qualità abitativa e del mantenimento dei giardini interni.

Mögliche Bebauung nach altem Richtplan

Possibilità edificatoria con il vecchio piano regolatore

Projekt nach neuem Plan

Progetto con nuovo piano

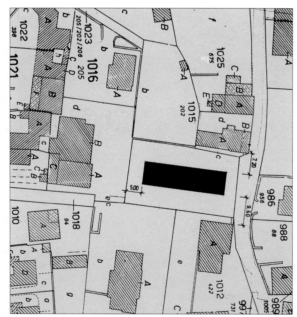

Nordost-Fassade

Facciata nord-ovest

Südwest-Fassade

Facciata sud-ovest

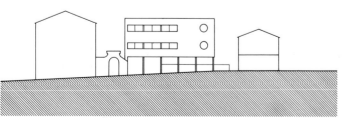

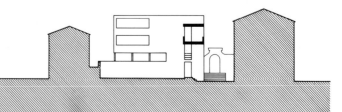

Modellfoto
Straßenfassade

**Modello:
facciata sulla
strada**

Modellfoto
Gartenseite

**Modello:
facciata sui
giardini**

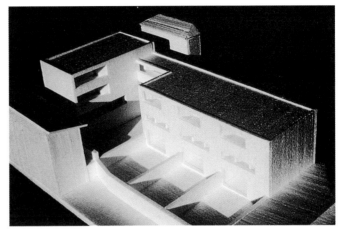

Erdgeschoß

Piano terreno

1. Obergeschoß

1° piano

2. Obergeschoß

2° piano

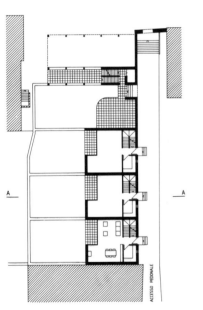
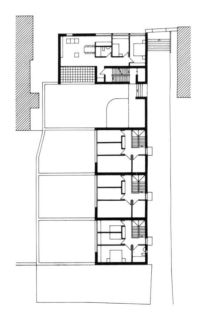
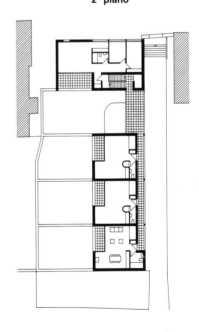

Nordwest-Fassade

Facciata nord-ovest

Südost-Fassade

Facciata sud-est

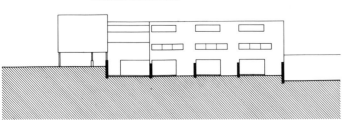
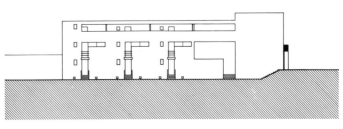

Doppelhaus Guidotti 1991

Auch dieses Doppelhaus gehört zur Reihe der Projekte für private Kunden wie dasjenige von Morisoli. Die neuen Bauregeln erlaubten es, auf einer kleinen Parzelle zwei zusammengebaute Häuser zu verwirklichen, jedes mit eigenem Garten. Die Häuser sind auf die Grenze zur Straße gestellt. Vom gedeckten Parkplatz gelangt man über wenige Stufen auf die erhöhte Gartenebene, von wo ein Portikus zum Eingang führt. Der Wohnraum im 1. Obergeschoß öffnet sich auf eine Terrasse gegen den Garten, während ein rundes Fenster in der Straßenfassade einen Blick in die Landschaft erlaubt.

Case Guidotti 1991

Questa casa doppia rientra nella serie di progetti per la committenza privata, in analogia con l'intervento di Casa Morisoli. Le nuove regole hanno permesso di realizzare in un lotto piccolissimo due case contigue, ognuna con un proprio giardino. Le case sono poste sul limite della strada. Dal parcheggio coperto, si raggiunge con pochi gradini la quota del giardino dove un portico conduce all'ingresso. Il soggiorno al primo piano si apre su una terrazza verso il giardino, mentre un'apertura circolare nella facciata sulla strada consente la visione del paesaggio.

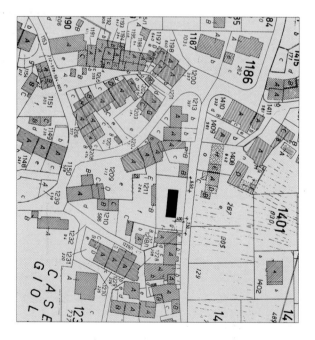

Zulässige Bebauung nach altem Richtplan (wegen der geringen Bautiefe praktisch unmöglich)

Possibilità edificatoria con il vecchio piano regolatore (praticamente nulla, l'edificio si rivela troppo stretto)

Projekt gemäß dem neuen Richtplan

Progetto secondo il nuovo piano regolatore

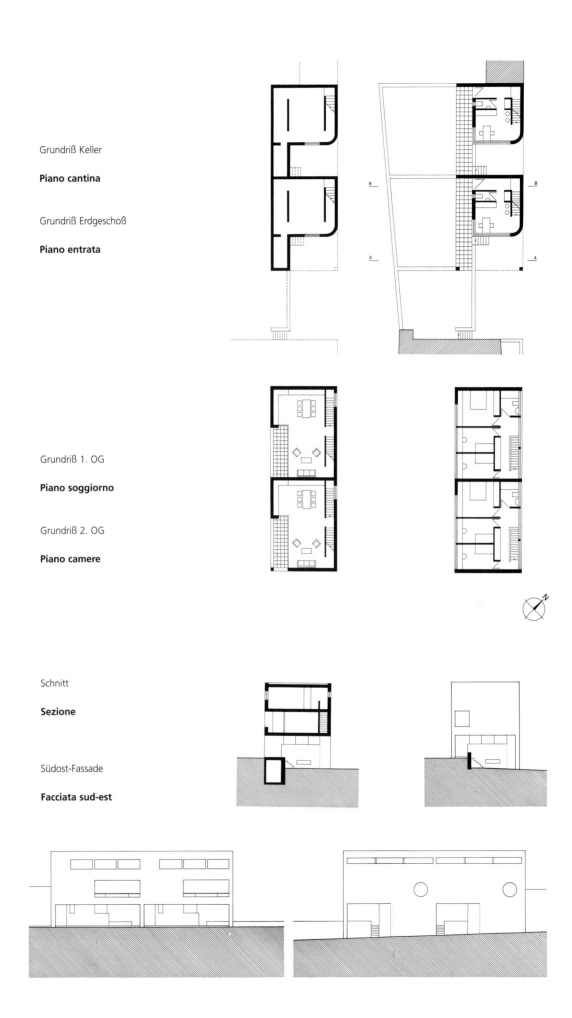

Grundriß Keller

Piano cantina

Grundriß Erdgeschoß

Piano entrata

Grundriß 1. OG

Piano soggiorno

Grundriß 2. OG

Piano camere

Schnitt

Sezione

Südost-Fassade

Facciata sud-est

Südwest-Fassade

Facciata sud-ovest

Nordost-Fassade

Facciata nord-est

Blick
von Osten

**Facciata verso
la strada**

Südwest-Fassade

**Facciata
sud-ovest**

Privater
Gartenbereich

**Vista
sul giardino**

Straßenflucht

**Vista
sulla strada**

Haus D'Andrea   1994   Casa D'Andrea   1994

Die neuen Regeln erlauben Gebäude bis zu drei Geschoßen und eine Ummauerung der Parzelle bis 2.50 m Höhe. Das gestattete es das Gebäude um ein Geschoß zu erhöhen, das als Wohnzimmer mit Terrasse frei konzipiert werden konnte. Die beiden bestehenden unabhängigen Wohngeschoße wurden in ihrer Struktur erhalten. Die neue Ummauerung definiert den Straßenraum und verleiht gleichzeitig dem gemeinsamen Garten eine größere Einheit und Privatheit.

Le nuove regole permettono edifici fino a tre piani di altezza e muri di cinta fino a 2.50 m di altezza. È stato così possibile aggiungere all'edificio esistente un piano, contenente la parte soggiorno e terrazza. I due piani esistenti vengono mantenuti nella loro struttura originale. Ne risulta un edificio con due appartamenti. Il muro di cinta progettato definisce lo spazio stradale e conferisce al giardino comune alle due case una maggiore unità e privacy.

Projekt gemäß dem neuen Richtplan

Progetto secondo il nuovo piano regolatore

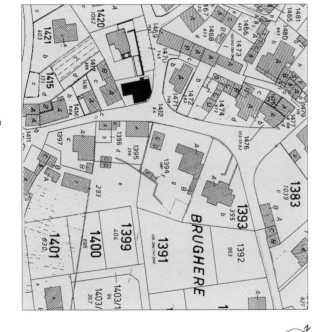

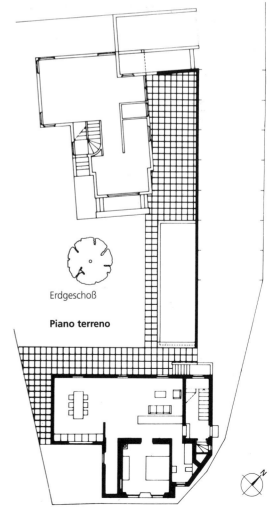

Terrassengeschoß   1. OG   Erdgeschoß

Piano terrazzo   **1° piano**   **Piano terreno**

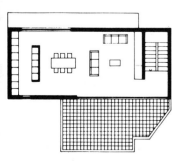
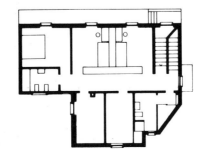

Fassaden vor
dem Umbau

**Facciata
edificio prima
dell'intervento**

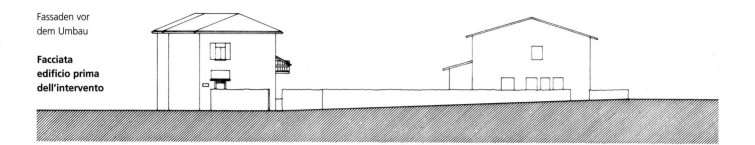

Fassaden nach
dem Umbau

**Facciata
edificio dopo
l'intervento**

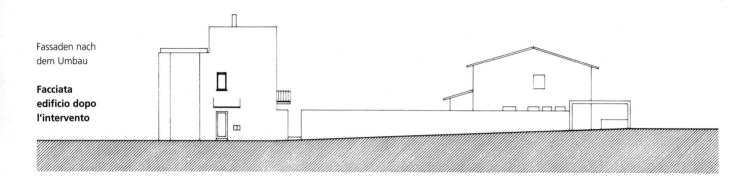

Fassaden vor
dem Umbau

**Facciate
edificio prima
dell'intervento**

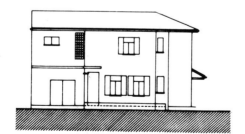 

Fassaden nach
dem Umbau

**Facciate
edificio dopo
l'intervento**

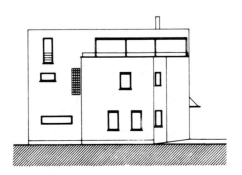 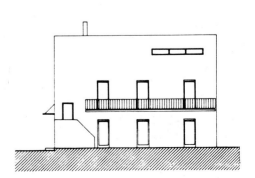

Gebäude vor dem Umbau

L'edificio prima del restauro

Südost-Fassade nach dem Umbau

Facciata sud-est dopo l'intervento

Eingangseite

Entrata

Terrasse vor dem Wohnbereich

Terrazza del soggiorno

Nordwest-Fassade mit Schwimmbassin längs der Gartenmauer

Facciata sul giardino con piscina lungo il muro di cinta

Haus Guidotti Antonio — 1995   Casa Guidotti Antonio — 1995

Erweiterung eines bestehenden Wohnhauses durch Anbau einer separaten Wohnung mit zugehörigem Garten. Nur nach dem neuen Reglement möglich, das keinen Strassenabstand mehr verlangt. Zudem erlaubt die parzellenabschließende Mauer neben der Privatisierung des Gartens die Definition des Straßenraums.

Aggiunta di un appartamento con giardino ad un edificio esistente. Soluzione possibile solo con le nuove norme, che permettono l'edificazione a filo strada. Il muro di cinta definisce lo spazio pubblico della strada e conferisce maggiore privacy al giardino.

Situation

Situazione

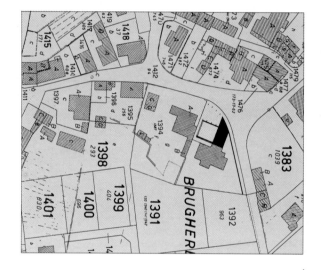

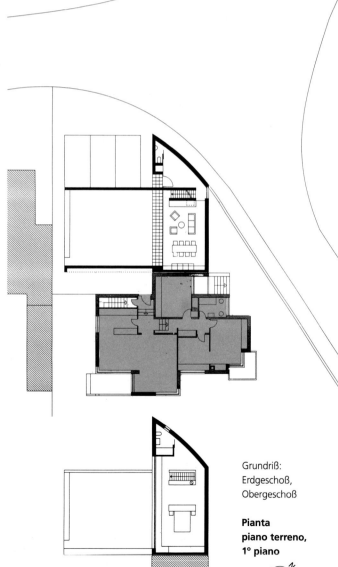

Schnitt

Sezione

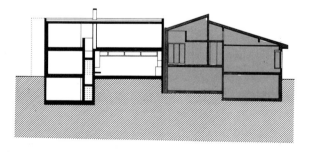

Gartenfassade

Facciata sul giardino

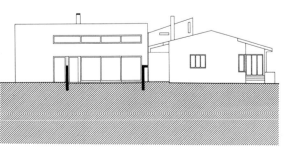

Grundriß: Erdgeschoß, Obergeschoß

Pianta piano terreno, 1° piano

Haus Guidotti Massimo   1995

Dieses Projekt stellt ein Fragment des neuen Gebäuderings um den Klosterbezirk dar, zwischen dem Projekt "Romitaggio" von Galfetti und der neuen Turnhalle, wobei deren Fluchten übernommen werden.

Casa Guidotti Massimo   1995

Questo progetto rappresenta un frammento della nuova cinta del Centro Monumentale in prolungamento del progetto "Romitaggio" di Galfetti e della Palestra.

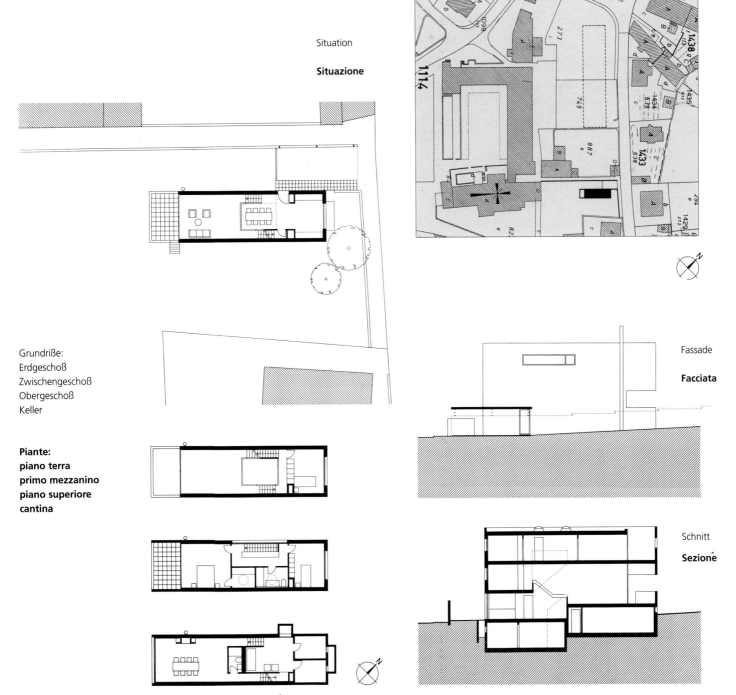

Situation
Situazione

Grundriße:
Erdgeschoß
Zwischengeschoß
Obergeschoß
Keller

Piante:
piano terra
primo mezzanino
piano superiore
cantina

Fassade
Facciata

Schnitt
Sezione

Haus Giacolini — 1990
Arch. Roberto Briccola

Das Haus steht am Rand der Parzelle. Es übernimmt die Flucht des bestehenden Nachbargebäudes. Diese Positionierung erlaubt es, den größten Teil des Terrains frei zu halten.

Casa Giacolini — 1990
Arch. Roberto Briccola

La casa costruita ai margini del lotto e allineata con un edificio preesistente, lascia libera la maggior parte del terreno.

Situation

Situazione

Gartenfassade

Facciata sul giardino

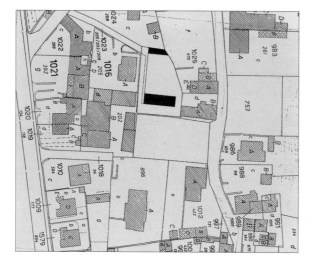

Haus Moser — 1990
Arch. Renato Magginetti

Das neue Reglement, das drei Geschoße zuläßt, erlaubt diesen Eingriff der Aufstockung einer kleinen Villa. Anstelle des alten Satteldachs wurde eine Wohnung mit separatem Zugang geschaffen, deren Dach als Terrasse ausgebildet ist.

Casa Moser — 1990
Arch. Renato Magginetti

La regola dell'edificazione su tre piani ha consentito questo intervento di sopraelevazione di un villino. In sostituzione del tradizionale tetto a falde è stato costruito un appartamento con accesso autonomo, coronato da un ampio terrazzo.

Situation

Situazione

Straßenseite

Vista dalla strada

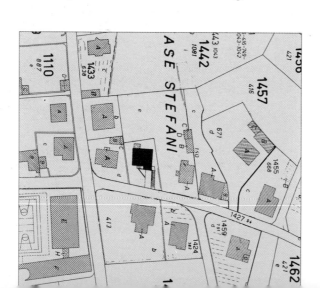

Wohngebäude — 1992
Arch. Mario Botta

Die Aufteilung in zwei Körper erlaubt die Schaffung eines internen, gedeckten Hofes, von wo aus die Erschließungen zu den Wohnungen erfolgen. Das Projekt stellt eine Neuinterpretation der Typologie der alten ländlichen Häuser dar.

Edificio residenziale — 1992
Arch. Mario Botta

L'edificazione di due corpi di fabbrica in limite del lotto consente di creare un'ampia corte interna coperta, dalla quale partono i percorsi di distribuzione degli appartamenti. Il progetto reinterpreta così in chiave moderna la tipologia a corte delle case rurali.

Situation / **Situazione**

Skizze des Architekten / **Schizzo dell'architetto**

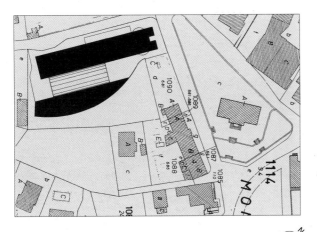

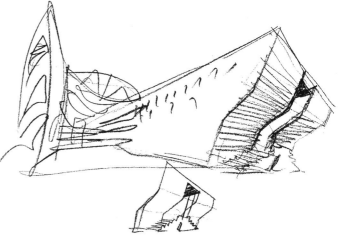

Wohngebäude "Romitaggio" — 1992
Arch. Aurelio Galfetti

Diese projektierten Reihenhäuser längs der Straße decken sich mit dem Konzept, den neuen Gebäudegürtel des erweiterten Klosterbezirks auf die Flucht der alten Klostermauer zu stellen.

Residenza "Romitaggio" — 1992
Arch. Aurelio Galfetti

Il progetto di una schiera di case a filo della strada corrisponde all'intenzione di costruire fisicamente la "nuova cinta" del Centro Monumentale insieme con l'edificio della palestra.

Situation / **Situazione**

Modellfoto / **Foto del modello**

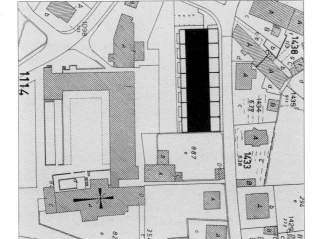

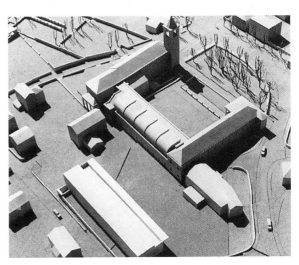

Häuser Rapetti — 1993

Das neue Baureglement erlaubt auch die Umwandlung von Ställen und Schuppen in Wohnhäuser, was den Eingriff dank der Möglichkeit der Aufstockung interessanter macht.

Case Rapetti — 1993

Il nuovo regolamento permette di trasformare antiche stalle e fienili in case d'abitazione rendendo l'operazione, grazie alla possibilità di sopraelevazione, particolarmente attrattiva.

Situation
Projekt Snozzi

**Situazione
progetto Snozzi**

Situation
Projekt Storelli

**Situazione
progetto Storelli**

Ansicht von der
Piazzetta aus

**Le due
case viste dalla
piazzetta**

Das Quartier an der Autobahn

Der Kernbereich jenes Ortsteils von Monte Carasso, in dem sich die ältesten Gebäude der Ortschaft befinden, reicht bis zur neuen Straße, der "RT1", die parallel zur Autobahn verläuft. Hier habe ich mich auf einige Richtlinien beschränkt, die eine höhere Bebauungsdichte und eine kohärentere Morphologie zum Ziel haben. Auf diese Weise soll eine dem Ortszentrum vergleichbare Geschlossenheit erreicht und der Bezug zum Zentrum verstärkt werden.

Für die Zone, die sich am Fluß entlang zwischen der neuen Straße und der Autobahn erstreckt, ist dagegen eine spezifischere Nutzung vorgesehen. Dieser Bereich hat in topographischer Hinsicht wie auch im Hinblick auf die Veränderungen, die sich hier durch die Ansiedlung von Betrieben entlang der Autobahn vollzogen haben, einen sehr interessanten und eigenständigen Charakter. In dieser Zone ging es mir darum, durch bauliche Eingriffe den Rand des Schuttkegels in neuer Weise hervortreten zu lassen, um so dem gesamten Flußbett bis hinüber zum Dorf Sementina auf der anderen Seite ein neues Aussehen zu verleihen.

In diesem Bereich hatte ich noch vor Beginn der Planungsarbeit für die gesamte Zone ein Wohngebäude mit mehreren Apartments entworfen. Dabei handelte es sich um das Haus Verdemonte, das erste große Mehrfamilienhaus in Monte Carasso. Dieses Mehrfamilienhaus war die erste Ausnahme von der Regel auf dem Gebiet der Ortschaft. Das Haus war damit im Grunde auch ein erstes Anzeichen dafür, daß die nahe Stadt sich nun bereits bis an die Ortsgrenzen auszudehnen begann, ein Problem, mit dem sich die Gemeinde

Il quartiere verso l'autostrada

Nella parte centrale fino alla nuova strada parallela all'autostrada (RT1), dove si situano i nuclei più antichi del villaggio, ci siamo limitati a proporre alcune regole per l'edificazione, con l'obiettivo di raggiungere una maggior densità e una morfologia più coerente e significativa, che ricomponga più ordinatamente il tessuto del centro per dar senso agli edifici monumentali del centro istituzionale del villaggio. I terreni al di sotto di detta strada verso l'autostrada e lungo il fiume sono destinati a nuovi contenuti più specifici.

Questa parte del villaggio ha caratteristiche proprie ed estremamente interessanti, soprattutto dal punto di vista orografico e dal punto di vista delle grandi trasformazioni subite in seguito all'insediamento dei manufatti autostradali.

Una riflessione importante ha guidato i criteri d'intervento. La ridefinizione del limite del cono di deiezione del torrente attraverso le nuove strutture, concetto che interessa l'intero cono di deiezione fino al paese di Sementina.

Già prima di dar inizio agli studi pianificatori per questa zona, avevamo progettato un edificio residenziale di più appartamenti proprio in questa parte del territorio. Si trattava d'altra parte del primo grande edificio plurifamiliare che si insediava sul territorio di Monte Carasso, la casa "Verdemonte".

In questo senso rappresentava anche dal punto di vista del contenuto la prima eccezione alla regola all'interno del paese. Era il primo segno dell'influsso dell'espansione della città verso la periferia. Monte Carasso in quel momento doveva rispondere a questa nuova problematica.

Das Quartier gegen den Fluß an der Autobahn

Il quartiere verso l'autostrada ed il fiume Ticino

jetzt auseinandersetzen mußte. Nach diesem ersten wichtigen Eingriff ergab sich die Gelegenheit zu einem weiteren Hausprojekt, mit dem sich der Rand des Flußbettes noch stärker betonen ließ. Damit eröffnete sich die Möglichkeit, über kurz oder lang eine Art Gürtel um das Zentrum des Ortes entstehen zu lassen, der deutlich die Grenze der Ausdehnung der nahen Stadt markieren würde. Unterhalb der Ortschaft in der Nähe des Flusses Tessin liegen die Sportstätten der Gemeinde. Da die Sportanlagen wie die Ortschaft selbst durch die Autobahn und die dort angesiedelten Betriebe vom Fluß abgeschnitten sind, machte ich den Vorschlag, durch Unterführungen diese Verbindung wieder herzustellen, damit Monte Carasso seinen natür-

Questo primo edificio permette di rafforzare il limite del cono di deiezione, sì che ripetuto lungo il pendio formasse una sorta di cintura attorno al centro del villaggio, come chiaro limite all'estensione urbana. Al di sotto di esso, cioè a livello del lungo fiume si situa la zona sportiva. Essendo quest'ultima rimasta isolata dal suo spazio naturale del lungo fiume dai manufatti dell'autostrada, abbiamo proposto dei sottopassaggi per ricollegarla all'elemento primario.
Monte Carasso ritrova così il suo naturale contatto con il fiume Ticino.
La ricerca del rapporto con il fiume significava, anche mettere in contatto il villaggio con l'intera zona del parco fluviale che dal Lago Maggiore,

lichen Bezug zum Fluß zurückgewinnen konnte. Diese Betonung des Bezugs zum Fluß bedeutete auch, den Ort an die Parklandschaft anzuschließen, die sich vom Lago Maggiore am Tessin entlang bis nach Bellinzona zieht, und ihn damit zugleich in einen viel größeren urbanen Raum einzubinden, der weit über Bellinzona hinaus letztlich einen Großteil des gesamten Tessins umfaßt. Das andere und vielleicht wichtigere Verbindungsglied zum Fluß Tessin bildet der Bergbach von Sementina. Gerade die Betonung dieser Verbindung war die Grundidee des Projektes "Morenal", einem neuen Wohnblock mit zirka 75 Apartments, einem Restaurant und Geschäften auf dem einzigen Areal der Ortschaft jenseits des Bergbaches von Sementina. Zum ersten Mal entstand in diesem ganz besonderen Ortsteil ein außergewöhnlich hohes Gebäude (acht Stockwerke) als Bezugspunkt für die

lungo il Ticino, arriva a Bellinzona, inserendo così il villaggio in una struttura urbana molto più vasta, quella della nuova città in formazione, che include l'intero territorio del canton Ticino. L'altro elemento, e forse il più importante, che permette il contatto con il fiume Ticino è il torrente di Sementina.

Ed è proprio l'idea di rafforzare questo secondo punto, che è stata alla base del progetto "Morenal", un nuovo quartiere residenziale di ca. 75 appartamenti con ristorante e negozi, che si insedia sull'unica area comunale al di là del torrente Sementina. Per la prima volta s'inserisce un edificio di altezza eccezionale (8 piani) quale punto emergente di riferimento per l'intero villaggio, in questa particolarissima situazione. Si propone al comune di utilizzare il bacino d'espansione del torrente come bagno pubblico.

Projekt einer zukünftiger Parklandschaft "Ticino"

Futuro parco fluviale "Ticino"

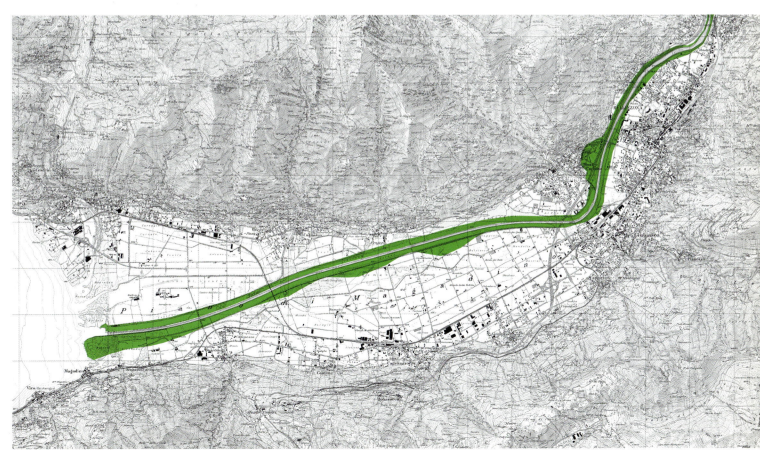

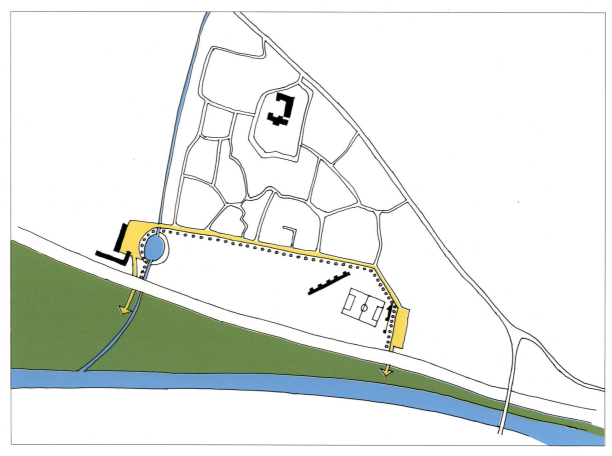

Die Bebauungen "Morenal" links und "Verdemonte" rechts werden durch einen neuen "Boulevard" miteinander verbunden. Die beiden Plätze, an dessen Ende, stellen die beiden Verbindungen zum Fluß her

"Morenal" a sinistra e "Verdemonte" a destra collegati dal nuovo "boulevard". I due piazzali d'arrivo portano al fiume

gesamte Ortschaft. (Mein Vorschlag an die Gemeinde wäre, hier das Rückhaltebecken des Bergbaches als öffentliches Schwimmbad zu nutzen.) Mit diesem neuen Gebäude wird die "RT1", die kürzeste Straßenverbindung zwischen Sementina und Bellinzona, zu einer Straße innerhalb der Ortschaft, die nun zwei talwärts gelegene, sich zum Fluß hin öffnende Freiflächen miteinander verbindet. In Zukunft könnte sich diese Straße zum "Boulevard" des Ortes entwickeln, zu einem neuen Spazierweg, auf dem man zum Fluß gelangt. Gegenwärtig wird überprüft, welcher künftigen Nutzung die zur Zeit als Bauland ausgewiesenen Flächen zwischen dem Haus Verdemonte und dem Gebäude Morenal zugeführt werden sollen.

Con questo nuovo insediamento la RTI, da strada di passaggio, scorciatoia, tra Sementina e Bellinzona, viene sistemata come strada interna al villaggio, che riunisce i due nuovi piazzali a valle, vere porte d'uscita sul lungo fiume. Essa dovrebbe nell'avvenire diventare il nuovo "boulevard" del paese, una nuova arteria di passeggiata pubblica verso il fiume. Le regole d'edificazione futura per questa zona attualmente destinata a riserva, tra l'edificio "Verdemonte" e l'edificio "Morenal" sono oggetto di uno studio attualmente in fase di elaborazione.

Wohnzeile "Verdemonte" 1974

Dieses Gebäude, noch unter dem alten Baureglement entworfen, markiert die Grenze des Schuttkegels des Sementina-Bachs. Diese lineare Struktur war als Ausgangselement einer Serie von Gebäuden gedacht, als neue talseitige Ummauerung des Dorfes, geschlossen gegen die Autobahn, offen gegen das Dorf, rhythmisiert durch Wohntürme mit Loggien.

Leider wurde der Entwurf von einem Generalunternehmer ausgeführt und auf eine Weise verändert, die nicht meine Zustimmung fand.

Edificio residenziale "Verdemonte" 1974

Questo edificio, progettato prima dell'avvio della nuova pianificazione, segna il limite del delta del torrente Sementina. Questa struttura in linea doveva essere ripetuta più volte, esprimendo a scala geografica l'idea di una nuova "cinta" muraria eretta come difesa in direzione dell'autostrada, e aperta verso il paese con una serie ritmata di torri a logge.

Purtroppo il progetto fu realizzato da un'impresa generale, senza il nostro controllo ed ha subito trasformazioni architettoniche che non posso condividere.

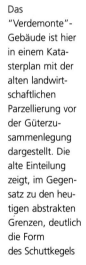

Das "Verdemonte"-Gebäude ist hier in einem Katasterplan mit der alten landwirtschaftlichen Parzellierung vor der Güterzusammenlegung dargestellt. Die alte Einteilung zeigt, im Gegensatz zu den heutigen abstrakten Grenzen, deutlich die Form des Schuttkegels

La casa "Verdemonte" è inserita qui in un piano di catasto con l'antica pianificazione agricola prima della nuova ripartizione particellare. Essa rispetto a quella attuale, astratta, evidenzia la forma del delta del Torrente Sementina

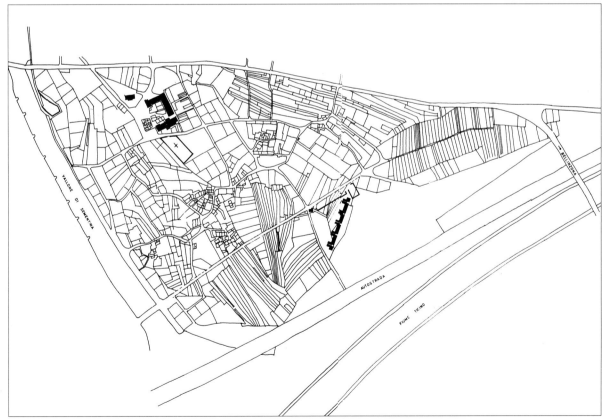

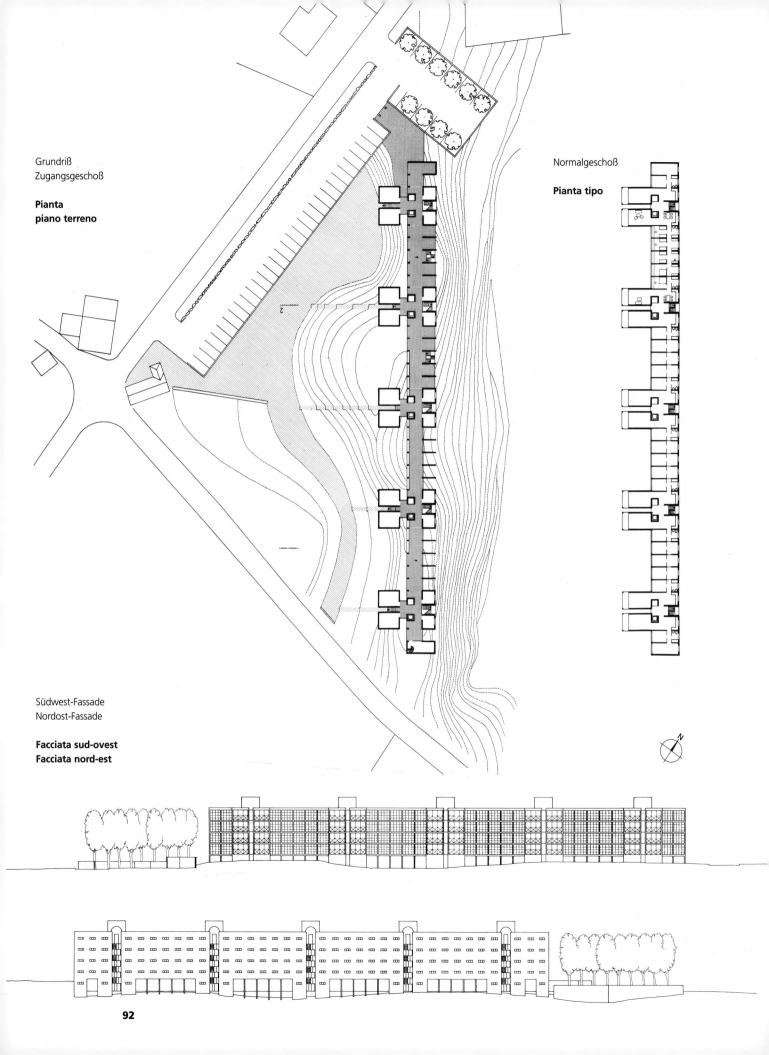

Grundriß Zugangsgeschoß

Pianta piano terreno

Normalgeschoß

Pianta tipo

Südwest-Fassade
Nordost-Fassade

Facciata sud-ovest
Facciata nord-est

"Verdemonte" nach zulässiger Aufstockung, gemäß neuem Reglement; vom Fluß her gesehen

Veduta dell'edificio dal fiume dopo l'innalzamento di un piano

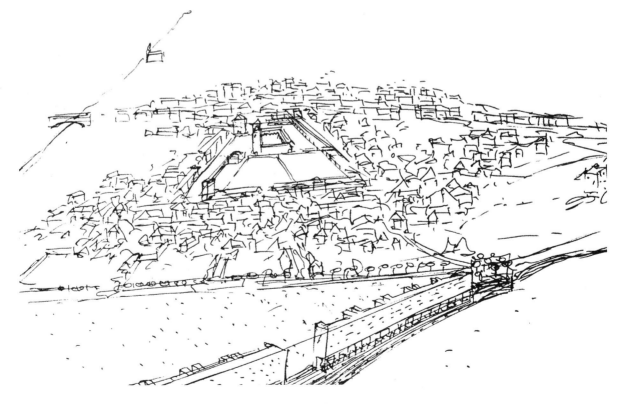

Skizze mit "Verdemonte-Zeilen", im Hintergrund das neue Dorfzentrum

Schizzo della casa "Verdemonte", sullo sfondo il nuovo Centro Monumentale

Das Wohnquartier "Morenal" 1990 / 96

Bei diesem Projekt für Sozialwohnungen jenseits des Sementina-Bachs wurde die Idee von "Verdemonte" fortgeführt; die Ummauerung des Gemeindegebietes als Grenze der Bebauung gegen die Autobahn. Eine Baumreihe verbindet die beiden Areale "Morenal" und Verdemonte. Auf einer vorgelagerten tieferen Ebene verknüpft eine öffentliche Zone den Sportplatz mit dem noch zu planenden Freibad im bestehenden Ausgleichsbecken des Sementina-Bachs.

Das "Morenal"-Projekt basiert auf zwei zueinander orthogonalen Baukörpern, der eine niedrig und lang, gedacht als Lärmschutz gegen die Autobahn, der andere mit vorgelagertem Platz mit der Hauptfront auf das Bassin und das ganze Gemeindegebiet orientiert.

Durch die außerordentliche Höhe (8 geschossig) wird er aber auch Bezugselement für die ganze Zone von Monte Carasso und markiert die eine Verbindung des Dorfes mit dem Fluß Ticino.

Quartiere "Morenal" 1990 / 96

In occasione di un nuovo progetto di abitazioni popolari da edificare al di là del torrente Sementina, è stata ripresa l'idea già espressa in un primo schizzo di casa Verdemonte, di costruire una nuova "cinta" muraria come limite dell'espansione edilizia in direzione dell'autostrada. Un filare di alberi pone in relazione i due interventi, (delimitando l'argine del delta) a quota bassa una passeggiata pubblica collega la zona sportiva con il futuro bagno pubblico, la cui sistemazione è prevista all'interno del bacino artificiale del fiume. Il progetto del quartiere "Morenal" si fonda su una composizione ortogonale di due corpi di fabbrica: il primo, lungo e basso, pensato come un muro di protezione del quartiere dal rumore dell'autostrada; il secondo, alto otto piani, direttamente affacciato sul bacino e sull'intero paese. Con la sua altezza eccezionale di otto piani diventa elemento di riferimento per l'intero territorio di Monte Carasso. È lì che il paese trova uno dei suoi contatti con il fiume Ticino.

Skizze des ersten Vorschlags

Schizzo progetto iniziale

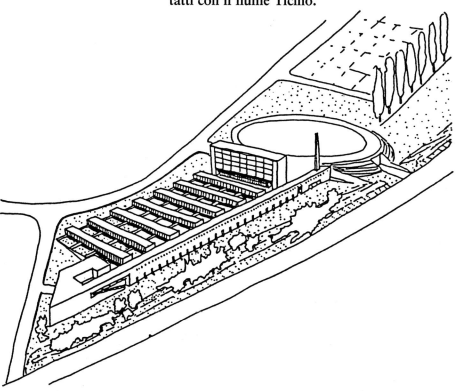

Situation des
ersten Projekts

**Situazione del
primo progetto**

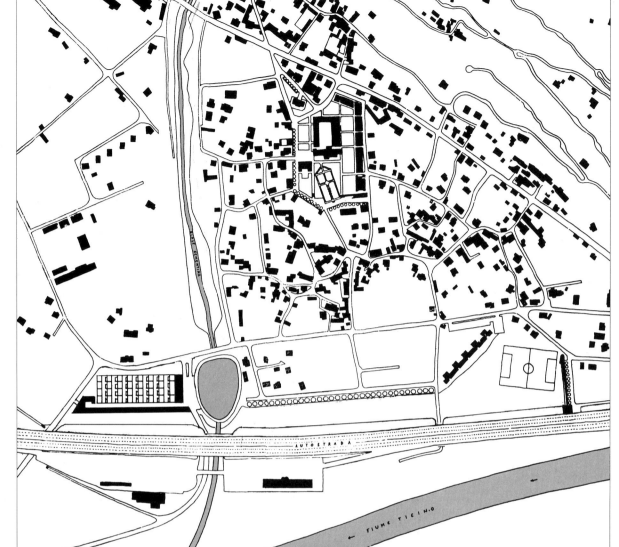

Situation des
zweiten Projekts
(in Ausführung)

**Situazione
del secondo
progetto
(in fase di
realizzazione)**

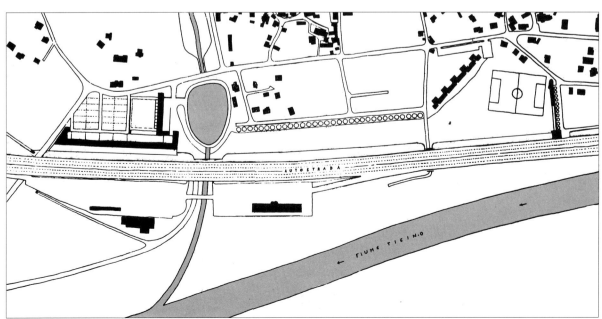

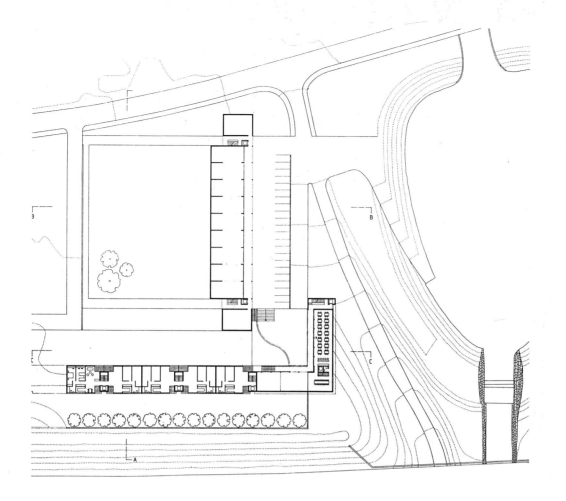

Grundriß
Hochparterre

**Progetto
piano terreno**

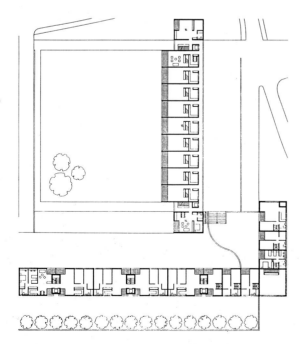

Grundriß
der beiden
Geschoßtypen

**I due piani tipo
dell'edificio**

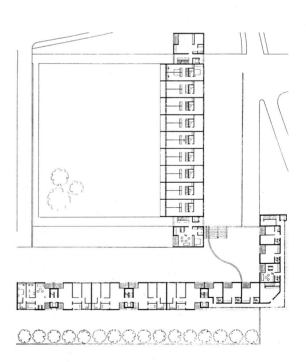

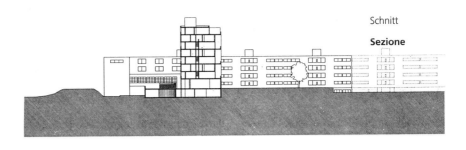

Schnitt
Sezione

Nordwest-Fassade
Facciata nord-ovest

Südwest-Fassade
Facciata sud-ovest

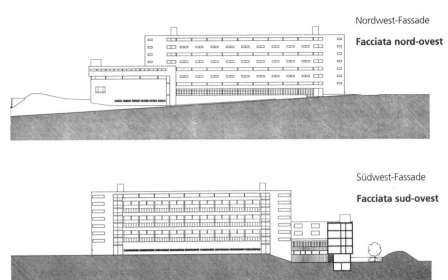

Arbeitsmodell
Modello di studio

Fassade der 1. Etappe gegen die Autobahn
Facciata verso l'autostrada, 1ª tappa

Nordwest-Fassade der 1. Etappe
Facciata nord-ovest, 1ª tappa

Garderoben des Sportplatzes 1984

Das Garderobengebäude begrenzt die eine Seite des Platzes, der die zweite Verbindung zum Fluß herstellt. Die andere Seite wird durch das Gewerbegebiet begrenzt.

Eine abschließende Mauer mit einer Baumreihe entlang der Parkplätze verbindet das neue Gebäude mit der bestehenden Kläranlage. Das Gebäude fungiert als Gelenk zwischen den Geometrien des Spielfelds und des Parkplatzes.

Ausgeführt wurde der Bau, dank seiner Einfachheit, von Mitgliedern des Sportvereins, wodurch die Baukosten reduziert werden konnten.

Spogliatoi del campo sportivo 1984

Gli spogliatoi definiscono un lato del nuovo piazzale che dà accesso al fiume. L'altro fronte della piazza segna l'inizio della zona artigianale. Un muro di contenimento e un filare di alberi lungo i parcheggi collegano il nuovo corpo degli spogliatoi con una centrale di depurazione delle acque già realizzata dal Cantone.

L'edificio diventa elemento di articolazione della nuova piazza di arrivo con il campo sportivo. La realizzazione è stata assunta direttamente dai membri dell'unione sportiva, sfruttando la grande semplicità dell'impianto proposto e limitando così fortemente i costi di costruzione.

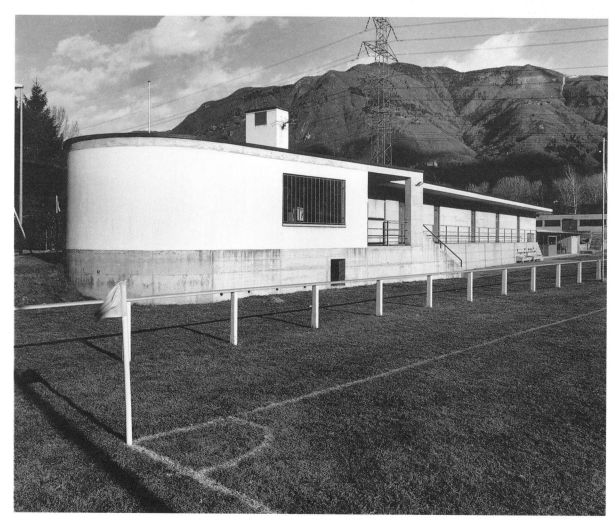

Blick auf Gebäudekopf mit Klubraum

Facciata sud-ovest verso il campo sportivo

Blick vom
Parkplatz gegen
Sportplatz

**Piazzale
d'entrata**

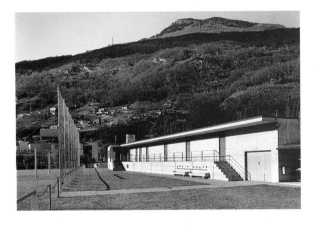

Fassade gegen
Spielfeld

**Facciata
sud-ovest sul
campo
sportivo**

Situation,
Fassaden

Situazione,
facciate

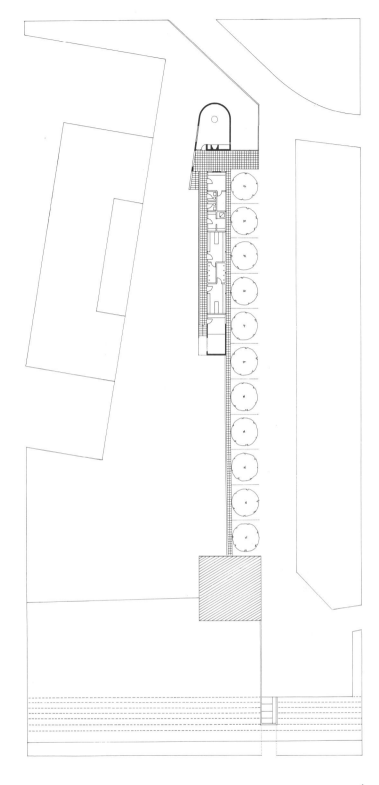

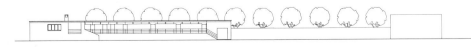

Schlußfolgerung

Monte Carasso war und ist für mich noch heute das interessanteste Betätigungsfeld meiner beruflichen Arbeit.

Erst die Zeit wird erweisen können, ob die in der Gemeinde durchgeführten und noch fortlaufenden Veränderungen Bestand haben werden. Dennoch zeigen sich bereits einige Ergebnisse dieses Experiments, die weit über Monte Carasso hinausweisen. An erster Stelle steht dabei die Erkenntnis, daß Regeln erforderlich sind, denn nur durch Regeln läßt sich eine wertvolle Bebauungsstruktur herstellen, die den öffentlichen Gebäuden als den "kollektiven Monumenten" einer Stadt erst ihre zentrale Funktion und ihren Sinn gibt.

Die öffentlichen Gebäude sind dabei Gegenstand der eigentlichen Arbeit des Architekten, der mit seiner Kompetenz und seinen Fähigkeiten ihre hohe Qualität verbürgen muß. Tatsächlich nämlich fallen öffentliche Bauten häufig aus ihrem Kontext heraus.

Sind die Regeln angemessen, so werden sie zum bestimmenden Faktor in der Bauplanung einer Stadt. Der Architekt muß sich auf sie einstellen und aus übergeordneten Gründen die eigenen planerischen Ideen auch zurückstellen können, wenn dies erforderlich sein sollte.

Die Qualität der Architektur ist in diesem Fall nicht das Entscheidende, auch wenn sie natürlich immer wünschenswert bleibt. Wichtig ist vielmehr vor allem die Fähigkeit, einen wertvollen und erweiterbaren baulichen Kontext herzustellen, was nur mit angemessenen Baubestimmungen möglich ist. Zu ihrer Formulierung muß man allerdings zuerst einmal eine

Conclusione

Monte Carasso ha rappresentato e rappresenta tutt'oggi per me il campo preferenziale di ricerca. È un processo tuttora in atto e la validità delle soluzioni proposte potrà essere verificata solo nei tempi lunghi.

Tuttavia emergono da questa sperimentazione alcuni temi di grande interesse, che vanno ben al di là del progetto di Monte Carasso: in primo luogo la necessità per la città di regole per riuscire a creare dei contesti significativi, premessa indispensabile affinché i "monumenti pubblici", cioè gli edifici a carattere più collettivo, possano dotarsi di senso.

Quest'ultimi si situano nel campo dell'architettura vera e propria da cui deriva la necessità di progetti di grande qualità e affidati quindi ad architetti di grande competenza e capacità. Infatti i "monumenti" spesso rompono con le regole del contesto e si situano in situazioni di eccezione.

Per il contesto le regole, se corrette, diventano l'elemento determinante per l'edificazione della città. L'architetto deve essere in grado di assumerle ed anche di ritirarsi per una ragione ben superiore alla firma individuale dell'opera. La qualità architettonica in questo caso, anche se sempre auspicata, non è sicuramente la componente essenziale. Essenziale è la capacità di creare dei contesti significativi, capaci di potersi estendere, e questo è solo possibile con delle regole adatte. Ma per riuscire a formulare delle regole è indispensabile che l'architetto sia in grado di avere un'idea della città nuova, la città di oggi. Ciò che non mi sembra il caso in questo momento di estrema restaurazione.

Idee davon haben, wie die neue Stadt, die Stadt von heute, aussehen sollte, und gerade daran scheint es gegenwärtig unter den Vorzeichen einer bloß restaurativen Grundhaltung zu hapern.

Ein weiterer, ganz entscheidender Aspekt meiner Arbeit in Monte Carasso ist die Beteiligung der Bevölkerung. Aus einer isolierten, auch in der näheren Umgebung kaum bekannten Ortschaft ist heute ein Ort geworden, der sich seinem Umfeld geöffnet hat. Das Ortszentrum ist zu einem wirklichen Ort der Begegnung geworden. Es genügt allein, einen Blick auf die Liste der Veranstaltungen zu werfen, die in der Gemeinde im Laufe eines Jahres stattfinden: von Sportveranstaltungen über Theatervorstellungen bis hin zu Ausstellungen und anderem mehr. Um das Interesse der Bürger an ihrem Ort wach zu halten, veranstaltet die Gemeinde im neuen Ortszentrum jeden Sommer ein Architektur-Symposion.

Es ist erstaunlich und erfüllt mich mit Stolz, welcher Wandel sich durch die Baumaßnahmen bei den Bürgern vollzogen hat, die sich auf einmal mit ihrem neuen Ortszentrum wieder identifizieren, nachdem es so lange isoliert war. Das Zentrum ist plötzlich zum aktiven Bestandteil einer auf die Zukunft gerichteten Veränderung geworden, Ausdruck der Würde und des Stolzes, die seit Jahrhunderten die alten unbeugsamen Gemeinden des Voralpenlandes auszeichnen.

Die Umgestaltung von Monte Carasso stieß vor allem jenseits der Kantonsgrenzen auf reges Interesse. Unterstrichen wurde dieses Inter-

L'altro aspetto di questa esperienza che mi ha profondamente colpito è l'impatto che questa nuova realizzazione ha avuto sulla popolazione del villaggio.

Prima un villaggio isolato, poco conosciuto, anche a livello locale, oggi un villaggio molto più aperto verso l'esterno. Il centro progettato è diventato un vero luogo di comunicazione. Basterebbe percorrere l'elenco della serie di manifestazioni che nel comune vengono proposte durante l'arco di ogni anno, per rendersi conto di tale cambiamento. Manifestazioni che vanno dalle feste sportive locali, al teatro, ai concerti, alle esposizioni e altro. Per alimentare l'interesse della popolazione rispetto ai problemi del proprio villaggio, il comune stesso si è fatto promotore di simposi internazionali di progettazione architettonica che si svolgono d'estate ogni anno nel nuovo centro. Non posso quindi che pensare all'incredibile cambiamento che questo intervento ha provocato nella popolazione, che di colpo si identifica in questo nuovo centro, luogo d'incontro, e che d'un tratto esce da un lungo periodo di isolamento, per ritrovarsi parte attiva e attrice di un cambiamento aperto verso l'avvenire, con quella dignità e fierezza, che per secoli ha sempre contraddistinto queste tenaci antiche comunità prealpine. Di questo soprattutto mi sento fiero anch'io.

Questo processo pianificatorio è stato seguito con molta attenzione, soprattutto da parte di addetti ai lavori fuori dai confini cantonali. Questo interesse è poi stato sottolineato soprattutto da due onorificenze significative nel

esse 1993 mit der Verleihung des Wakker-Preises des Heimatschutzes (Liga zum Schutz des nationalen Erbes) und dem Prince-of-Wales-Preis der amerikanischen Harvard-Universität. Bedauerlich ist für mich nur, daß die zuständigen Behörden des Kantons nicht ganz so euphorisch reagierten. Bislang haben sie nämlich so gut wie überhaupt kein Interesse an der Umgestaltung von Monte Carasso gezeigt.
Trotz des Sprichwortes, daß man im eigenen Land kein Prophet sei, stimmt mich diese Tatsache traurig.

1993, il premio "Wakker" del Heimatschutz (Lega per la salvaguardia del patrimonio nazionale) ed il premio "Principe di Galles" dell'università americana di Harvard. Ambedue i premi insistono sulla globalità dell'intervento. Meno esaltante è l'impatto che esso finora ha avuto sulle autorità cantonali, preposte ai problemi del territorio, che fino ad oggi hanno dato pochi o nessun segnale per un loro interessamento. Malgrado il detto consolatorio "nessuno è profeta in patria", è questo sicuramente il fatto che più mi rattrista.

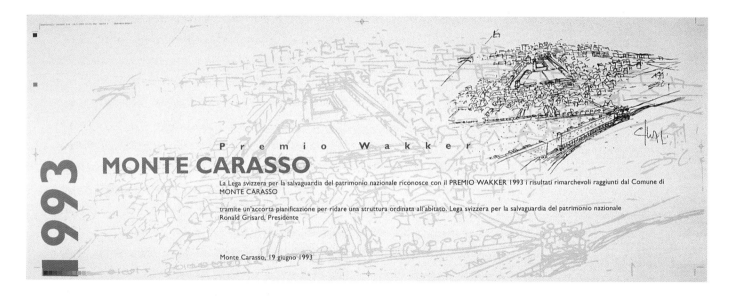

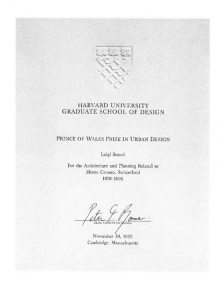

Carlo Bertinelli
Gemeindesekretär

Der kommunale Planungsprozeß

Selbst den direkt an den Planungen Beteiligten fällt es manchmal schwer, sich zu erklären, warum eine kleine Gemeinde im Tessin, die nur über begrenzte menschliche und materielle Ressourcen verfügt, eine derart treibende Rolle bei der Umgestaltung ihrer Ortschaft spielen konnte, und entsprechend schwer ist es, dies anderen verständlich zu machen. Genau dies möchte ich jedoch im Folgenden versuchen. Dabei habe ich absichtlich jeden Hinweis auf politische Parteien oder Personen unterlassen, um nicht den Eindruck zu erwecken, andere Ziele zu verfolgen als die sachliche Darlegung der wichtigsten Etappen dieses außergewöhnlichen Wagnisses.

Die ersten städtebaulichen Studien für die Gemeinde Monte Carasso gehen auf die 60er Jahre zurück. Erst im folgenden Jahrzehnt nahm jedoch der kommunale Richtplan deutlichere Formen an. Eine wichtige ortsplanerische Entscheidung fiel 1976. Es war eine unglückliche Entscheidung, denn die in Rede stehende Sache war seit langem Gegenstand harter Auseinandersetzungen zwischen den beiden politischen Fraktionen der Gemeinde gewesen, obwohl die Meinungen inhaltlich kaum substantiell voneinander abwichen. Der Streit zwischen Mehrheits- und Minderheitsfraktion betraf die Lage der Zone für öffentliche Einrichtungen und Gebäude, wo zunächst eine Schule gebaut werden sollte. Die Mehrheit schlug dafür ein Gebiet im äußersten Südosten der Ortschaft oberhalb der Autobahn vor[1], verbunden mit angemessenen Schutzvorrichtungen, mit denen das neue Zentrum und die Ortschaft als ganze vor den Schadstoffemissionen der Autobahn geschützt werden sollten. Der Minderheit lag dieses Gebiet zu nahe an der Autobahn, weshalb sie im Einklang mit den damaligen Architekten der Gemeinde, Brocchi und Schnebli, ein Grundstück in derselben Zone nur 100 Meter weiter bergwärts vorschlug[2]. Die Gründe der Meinungsverschiedenheit können hier außer acht bleiben, da sie für die spätere Entwicklung keinerlei Bedeutung hatten. Dieser Richtplan, der an sehr traditionellen Kriterien orientiert war, die allein auf die quantitative Kontrolle der Bautätigkeit abzielen, fand in allen anderen und ebenso

Carlo Bertinelli
segretario comunale

Il processo pianificatorio comunale

Per chi ha vissuto direttamente quest'esperienza, è talvolta difficile capire - e quindi spiegare ad altri - tutte le ragioni per le quali un piccolo villaggio ticinese, di limitate risorse umane e materiali, abbia saputo assumere un ruolo così propositivo nella gestione del proprio territorio. È quanto cercheremo comunque di fare con il contributo che qui proponiamo nel quale si tralascia volutamente ogni riferimento a partiti politici o a persone poiché non vorremmo dare la sensazione di perseguire altre finalità se non quella di offrire una succinta ricostruzione storica degli accadimenti più significativi di questa straordinaria avventura.

I primi studi urbanistici per il comune di Monte Carasso risalgono agli anni sessanta. Sarà però solo nel decennio successivo che il piano regolatore comunale assumerà contorni più definiti.
Un atto pianificatorio articolato viene infatti deciso dal municipio nel mese di maggio 1976. Un piano per la verità nato male poiché è da tempo oggetto di un duro confronto tra le due fazioni politiche rappresentate in municipio. Le divergenze non esprimono forti contenuti qualitativi. La disputa tra maggioranza e minoranza concerne l'ubicazione della Zona Attrezzature e Costruzioni Pubbliche (AP-EP) da destinare in prevalenza alla costruzione delle nuove infrastrutture scolastiche. Il gruppo di maggioranza ritiene di utilizzare un terreno a monte della Strada nazionale n. 2 (N2), nell'estremità sud-est del villaggio[1], congiuntamente alla predisposizione di adeguate infrastrutture per proteggere, non solo il nuovo centro ma tutto il paese, dalle immissioni moleste causate da questa grossa arteria di traffico. La minoranza giudica invece questo fondo troppo vicino alla N2 per cui sostiene una soluzione, sempre in zona, a neanche cento metri a monte[2], in sintonia con le indicazioni date dai pianificatori di allora arch. Brocchi e Schnebli. Evitiamo in questo ambito di indicare le ragioni dell'una o dell'altra parte poiché questo dibattito non dà nessun contributo a quanto di significativo succederà in seguito. Questo piano regolatore, ispirato a criteri molto tradizionali di controllo quantitativo dell'attività edilizia, ha in ogni caso l'u-

wichtigen Punkten die einhellige Zustimmung aller politischen Fraktionen.

Entsprechend der Verfahrensordnung mußte der vom Gemeinderat ausgearbeitete Richtplan in allen Teilen von der Gemeindeversammlung gebilligt werden, was in den Sitzungen der im Gemeinderat vom 17. Dezember 1976 und vom 6. Mai 1977 geschah.

In dieser Situation brachte eine nicht vertretene Gruppe von Bürgern einen dritten Vorschlag zur künftigen Lage der öffentlichen Einrichtungen und Gebäude ein. Bei diesem Vorschlag[3] sollten die Schule, die Kommunalverwaltung und einige Mehrzwecksäle im Ortszentrum liegen, wobei die Verwaltung und die Säle in einem Teil des alten Klosters untergebracht werden sollten. Für die Verwirklichung dieses Vorschlags wäre die Verlegung des Friedhofs an den Ortsrand erforderlich gewesen.

Auch die Minderheitspartei schloß sich diesem Vorschlag an, wobei man sich jedoch mit der Bürgerinitiative darauf einigte, das

nanime gradimento delle forze politiche in tutte le altre (e altrettanto importanti) componenti.

Come prevede l'iter procedurale, il piano regolatore elaborato dal municipio deve essere successivamente sottoposto, per approvazione, al consiglio comunale e ciò avviene nelle sessioni del 17 dicembre 1976 e 6 maggio 1977.

È in questo ambito che un altro gruppo politico minoritario, non rappresentato in municipio, formula una terza ipotesi per la zona AP-EP[3], ovvero l'ubicazione della futura sede scolastica nella zona centrale del comune e l'inserimento dell'amminsitrazione comunale e di sale multiuso in una parte dell'antico convento. Per fare ciò si rende però necessario spostare il cimitero in una zona periferica del comune.

Nel dibattito che segue, le minoranze trovano un punto di sintesi in quest'ultima proposta, espunta però dalla proposizione di includere, anche in minima parte, l'antico convento nel piano AP-EP.

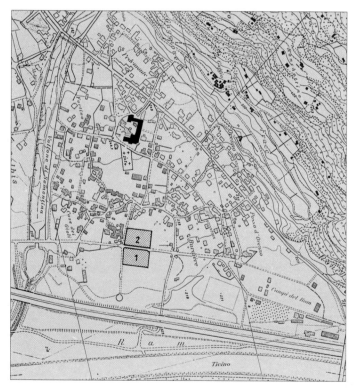

(1)+(2)

alte Kloster nicht in die Planungen für das neue Ortszentrum einzubeziehen.

Bei der Abstimmung erhielt die Mehrheitspartei für den von ihr vorgeschlagenen Richtplan die Stimmen der großen Mehrheit der Gemeindeversammlung. Der Plan für die neue Lage der öffentlichen Einrichtungen und Gebäude (bei dem die Schule am Ortsrand oberhalb der Autobahn liegen sollte) erzielte allerdings nur eine knappe Mehrheit durch eine abweichende Stimme aus dem Lager der Minderheit.

Die Verlierer gaben jedoch nicht auf. Die denkbar knappe Mehrheit bei einer so wichtigen Frage der kommunalen Planungspolitik machte deutlich, daß die politischen Kräfte in der Gemeinde fast zur Hälfte gegen den Plan waren.

Die Opposition entschied sich daher, die Entscheidung von den Bürgern treffen zu lassen. Im Herbst 1977 unterschrieben 320 Bürger und Bürgerinnen der Gemeinde eine Initiative für eine

In votazione fu comunque la proposta della maggioranza municipale ad ottenene i maggiori consensi per cui Monte Carasso vara il suo primo piano regolatore con il consenso della stragrande maggioranza dei consiglieri comunali, ad eccezione del piano AP-EP (soluzione con le scuole in periferia, a monte della N2) che è accolta con un solo voto di scarto.

Chi perde questa prima battaglia decide comunque di non demordere. La debole maggioranza indica una spaccatura quasi a metà delle forze politiche in campo su un tema, peraltro non secondario, della pianificazione comunale.

Gli oppositori decidono pertanto di deferire ai cittadini il compito di decidere. Nell'autunno 1977, 320 cittadini sottoscrivono un'iniziativa popolare per una migliore ubicazione del futuro centro scolastico e propongono una soluzione ancora diversa rispetto a quella sostenuta dalla minoranza del consiglio comunale[4].

Pur astenendoci anche in questo caso da un giudizio di merito sui

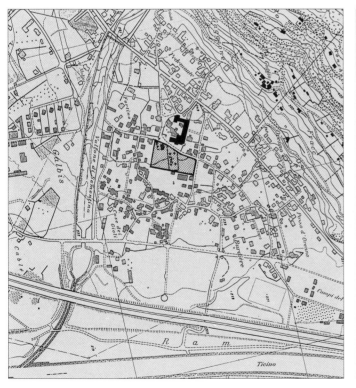

(3)

(4)

bessere Lage der Schule und schlugen eine Lösung vor⁽⁴⁾, die sich auch vom Vorschlag der Minderheit im Gemeinderat unterschied. Ohne ein Urteil über die Initiative und die Gründe fällen zu wollen, weshalb die Minderheit teilweise ihre Meinung änderte, läßt sich dennoch feststellen, daß auch dieser Vorschlag weder das Kloster als möglichen Sitz von Gemeindeeinrichtungen vorsah noch Empfehlungen für die Planung des Gemeindezentrums aussprach. Der Vorschlag bezog sich außerdem weder auf den Gesamtplan für die Ortsentwicklung noch auf den Verkehrsplan. Damit bot auch diese Initiative wie alle vorausgegangenen Vorschläge und Entscheidungen zum Richtplan von Monte Carasso auch keinen radikal anderen Planungsansatz für die Entwicklung der Ortschaft. Die diesbezüglichen Meinungsverschiedenheiten waren weitgehend auf die traditionelle Gegnerschaft der Parteien zurückzuführen (namentlich der beiden wichtigsten unter ihnen), was nicht nur für Monte Carasso, sondern für die Politik im ganzen Kanton auch heute noch typisch ist. Der Streit um den Richtplan spiegelte daher nur den Parteienstreit wider, der besonders Außenstehenden kaum verständlich sein wird.

Dennoch obsiegte inmitten der Streitigkeiten auch gelegentlich die Vernunft. Ein bemerkenswerter Stimmungswandel ereignete sich am Jahreswechsel 1977/78. Die vom Streit um den Richtplan erschöpften politischen Kräfte der Gemeinde zeigten nun wieder Dialogbereitschaft. In der Folge machte die Gemeindeverwaltung zum ersten Mal den Vorschlag, die neue Gemeindeschule im alten Augustinerinnen-Kloster unterzubringen.

In dieser Phase begann auch die Zusammenarbeit der Gemeinde mit dem Architekten Luigi Snozzi. In wenigen Monaten traf der Gemeinderat alle nötigen Beschlüsse, um in seiner Sitzung am 26. Juni 1979 seine neue Teilvariante des Richtplans zu verabschieden, die den denkmalgeschützten Ortskern von Monte Carasso betraf. Der Plan fand die einhellige Zustimmung des Rates und beendete damit die zermürbenden Zwistigkeiten um die öffentlichen Einrichtungen und Gebäude der Gemeinde, was zweifellos seiner

contenuti di questa iniziativa e sulle ragioni che inducono la minoranza a cambiare parzialmente rotta, si può comunque rilevare come anch'essa esclude l'utilizzazione dell'antico convento come sede di infrastrutture comunali, non formula proposte pianificatorie per il centro del comune e non mette in discussione nè il piano di urbanizzazione generale, nè tantomeno il piano viario. Anche quest'iniziativa, così come tutto quanto si è finora pensato, proposto o deciso per il piano regolatore di Monte Carasso, non ha nulla a che vedere con un vero e proprio confronto dialettico tra opposte tesi urbanistiche. Lo scontro in atto è invece ancora molto permeato dalla tradizionale competizione tra partiti (soprattutto tra i due maggiori schieramenti) che ancora caratterizza l'azione politica non solo a Monte Carasso, ma nell'intero cantone Ticino. Il confronto sul piano regolatore è quindi speculare alla secolare lotta tra i partiti che, soprattutto per chi giudica dall'esterno, può essere difficilmente compresa. Tutto ciò non esclude però che, tra una battaglia e l'altra, vi siano dei momenti di tregua durante i quali, in genere, la ragione può prevalere sugli eccessi della contesa tra opposte fazioni.

È quanto "miracolosamente" succede a cavallo tra 1977 e il 1978. Le forze politiche, attrici di questo estenuante quanto improduttivo scontro sul piano regolatore comunale, danno segnali di una ritrovata disponibilità al dialogo. Di ciò ne approfitta immediatamente il municipio, che lancia per la prima volta l'idea di progettare le scuole comunali nell'antico convento delle Agostiniane. Fu in questa fase che iniziò la collaborazione dell'arch. Luigi Snozzi con il comune. In pochi mesi si predispongono tutti gli atti che permettono al consiglio comunale di varare, nella sessione del 26 giugno 1979, la variante di piano regolatore relativa alla Zona di Protezione Monumentale (ZPM). Sicuramente grazie alla forza del progetto e alla personalità del suo ispiratore, essa ottiene unanimi consensi per cui è posta fine all'estenuante contesa per la definizione del piano AP-EP.

La tregua tra le forze politiche non è però destinata a durare a lungo. Appena approvata la ZPM, Luigi Snozzi evidenzia che gli

Qualität und der Persönlichkeit seines Urhebers zu verdanken war. Die Einhelligkeit währte jedoch nicht lange. Nach der Verabschiedung des Teilplans wies Luigi Snozzi darauf hin, daß aufgrund der Planungsvorgaben die Bemühungen um eine bauliche Aufwertung des Zentrums auf dem übrigen Gebiet der Ortschaft keine Entsprechung finden konnten, weshalb er eine grundlegende Revision des Richtplans anregte.

Die Meinungsunterschiede in der Gemeindeversammlung gewannen daraufhin eine substantiellere Natur. Ein Teil der Minderheit schlug sich auf die Seite der Mehrheit und hielt diese Position von kleineren Abweichungen abgesehen bis zur Verabschiedung der Revision des Richtplanes durch. Die Mehrheit folgte den Vorschlägen des Architekten Snozzi in ihrer Gesamtheit und strebte eine vollständige Revision des Nutzungsplanes an. Die Minderheit dagegen zog eine traditionellere Planung vor, wie sie auch typisch für die Vorstellungen der staatlichen Verwaltung und vieler Fachleute war. So waren zwar einerseits die Planungsziele im Hinblick auf das alte Ortszentrum unumstritten, andererseits aber wurde die Ausweitung des "Snozzi-Plans" auf das gesamte Ortsgebiet nicht von allen gutgeheißen.

Erste Differenzen zeigten sich bereits, als die neuen Vorgaben für das Ortszentrum verabschiedet wurden, denn in derselben Sitzung leitete der Rat die Revision des Verkehrsplans ein. Die allgemeinen Auslassungen der Gemeindeverwaltung zu diesem Thema (die den früheren Plan nicht gerade stützen), stießen in einigen Punkten sofort auf die Ablehnung der Minderheit. In der Gemeinderatssitzung vom 18. April 1980 fand diese Ablehnung dann in einem Votum gegen den Verkehrsplan von Luigi Snozzi Ausdruck.

Auch die Kantonsregierung, die den Richtplänen der Gemeinden zustimmen muß, war gegen den Plan des Architekten Snozzi. Selbst wenn der neue Plan daher in der Gemeinde auf Zustimmung gestoßen wäre, hätte er nicht in Kraft treten können. Die Tage des alten Verkehrsplans waren dennoch gezählt.

Sofort nachdem die Kantonsregierung ihre Zustimmung verwei-

sforzi di riqualificazione territoriale assunti con l'adozione della ZPM non sono purtroppo recepiti nel resto della pianificazione territoriale per cui bisogna pensare ad una profonda revisione di tutto il piano regolatore.

Con un rimescolamento di carte tra i vari schieramenti politici (una parte dei gruppi minoritari sposano questa volta le tesi di maggioranza e mantengono, salvo qualche breve parentesi, questa posizione fino al varo della revisione generale del piano regolatore), la contrapposizione tra maggioranza (ora allargata) e minoranza assume una connotazione più di sostanza. Per la maggioranza, gli insegnamenti dell'arch. Snozzi sono da assumere in toto per cui bisogna rivedere tutto il piano regolatore. La minoranza non nasconde invece le sue simpatie per una pianificazione più tradizionale, peraltro in linea con quella ispirata dall'apparato amministrativo dello Stato e da una folta schiera di operatori del ramo. Se per la ZPM certi assunti pianificatori furono unanimemente condivisi, l'estensione della "dottrina Snozzi" a tutto il territorio non è accettata da tutti.

Le prime avvisaglie di questo confronto si percepiscono già nella sessione di approvazione della ZPM. Nella stessa seduta il consiglio comunale concede infatti un credito per la revisione del piano viario comunale (PV). Il municipio non evita di anticipare qualche indirizzo generale per questa revisione (che non è certo di sostegno al piano allora vigente), ciò che provoca, già da subito, l'espressione di alcune riserve da parte del portavoce della minoranza.

Nella sessione del consiglio comunale del 18 aprile 1980, queste riserve della minoranza si tramutano in un voto contrario alla revisione del piano viario ispirato dall'arch. Snozzi.

È peraltro utile annotare che anche il governo cantonale, preposto all'approvazione definitiva delle decisioni dei comuni in materia di pianificazione del territorio, non sposa la tesi Snozzi per cui il nuovo piano, anche se approvato da una solida maggioranza del legislativo comunale, non può essere messo in vigore.

gert hatte, stellte die Gemeinde dem Architekten Snozzi einen Verkehrsexperten an die Seite. Mit den Rahmendaten des dann im Jahre 1980 vorgeschlagenen Verkehrsplans sollten die Einwände der Regierung (die weitgehend auch die Einwände der Minderheit in der Gemeindeversammlung waren) ausgeräumt werden. Wie zuvor der Plan für das Ortszentrum wurde schließlich auch der Verkehrsplan von Luigi Snozzi (mit einigen unwesentlichen Veränderungen) in der Sitzung vom 5. Mai 1983 vom Gemeinderat einhellig angenommen.

Die einzigen Überbleibsel der alten Planung waren der Plan für die Zonen und die Baurichtlinien für die private Bautätigkeit. Die Überprüfung dieser Normen war aufgrund ihrer Bedeutung für das ganze Gemeindegebiet und aufgrund der ökonomischen Interessen der Eigentümer, die hier tangiert waren, sicherlich das größte Problem.

Das ursprüngliche Ziel der Gemeinde war bescheiden. Der Gemeinderat machte in seiner Sitzung vom 16. Juni 1984 den Weg für eine Überprüfung der Bauvorschriften für die einzelnen Bebauungskerne der Ortschaft und ihre jeweiligen Zonen frei. In diesen Zonen erhielt der Architekt Luigi Snozzi die Möglichkeit, verschiedene Lösungsvorschläge zu erarbeiten. Aufgrund der zersplitterten Eigentumsrechte mußte sich diese Arbeit schwierig gestalten. Durch die Unterstützung von Adelio Scolari, dem maßgeblichen Experten des Tessins auf diesem Gebiet, war es dennoch schon nach einigen Jahren möglich, die Vorschläge des Architekten auch in rechtlicher Hinsicht abzusichern.

Der neue Plan für die Zonen war jedoch noch immer weit davon entfernt, bewilligt zu werden, und in manchen Momenten schien das ganze Unternehmen noch gefährdet. Erwähnenswert sind in diesem Zusammenhang die Kommunalwahlen vom April 1988, bei denen alle Minderheitsparteien Stimmen zulegten. Die alte Mehrheit, die immer hinter den Plänen des Architekten Snozzi gestanden hatte, büßte ihre Position ein und mußte einem Wahlbündnis Platz machen. Etwa ein Jahr lang betrieb dann der neue Gemeinderat eine den vorherigen Planungen zuwider-

Ma il vecchio PV avrà comunque vita breve. Subito dopo la mancata ratifica da parte del governo cantonale, il municipio decide di affiancare all'arch. Snozzi uno specialista del traffico per tentare di conciliare le obiezioni del governo (peraltro simili a quelle della minoranza del legislativo comunale) con le idee di fondo del piano viario proposto nel 1980.

Come avvenne per la ZPM, l'operazione riesce e il piano viario Snozzi (con qualche completazione comunque non sostanziale), ottiene l'unamime consenso del consiglio comunale nella sessione del 5 maggio 1983. L'ultimo baluardo della vecchia pianificazione resta però il piano delle zone (PZ) e le normative che regolano l'edilizia privata. È sicuramente l'oggetto più difficile e insidioso da rivedere poichè queste scelte pianificatorie riguardano una parte importante del territorio comunale e incidono significativamente sugli interessi economici dei proprietari. L'obiettivo iniziale è minimo. Il consiglio comunale, nella sua riunione del 16 giugno 1984, dà il via libera ad uno studio per la ridefinizione delle norme edilizie dei nuclei e delle zone di contorno. In queste zone il municipio darà poi all'arch. Snozzi la possibilità di cimentarsi, in via sperimentale, con una realtà operativa resa particolarmente complessa dal forte frazionamento della proprietà. Con il determinante contributo di Adelio Scolari - massimo esperto giuridico ticinese in questa materia - si riesce comunque a dare una veste giuridica alle proposizioni di Snozzi già dopo qualche anno di lavoro.

Per giungere all'approvazione definitiva del nuovo piano delle zone, la strada è stata però tutta in salita e non sono mancati i momenti in cui tutto sembrava compromesso. Si devono qui ricordare, in particolare, le elezioni comunali dell'aprile 1988 durante le quali quasi tutti i partiti di minoranza, grazie a un patto elettorale, riescono a rompere la maggioranza municipale che ha sempre sostenuto, con fermezza, le proposizioni dell'arch. Snozzi. Per circa un anno, la nuova maggioranza municipale sosterrà infatti proposte pianificatorie antitetiche a quelle che il precedente municipio aveva nel frattempo adottato.

laufende Planungspolitik. Da sich die Auseinandersetzungen in dieser Phase weitgehend innerhalb des Rates abspielten und die Interna des Rates zum großen Teil unter das Amtsgeheimnis fallen, müssen wir hier auf Details verzichten.

Wie auch beim Verkehrsplan standen sich im wesentlichen zwei Planungskonzeptionen gegenüber. Die eine Position folgte den Vorschlägen des Architekten Snozzi, während die andere Position diesen Vorschlägen entweder nur zum Teil folgte oder ihnen ganz widersprach. Die Vertreter der letzteren Position orientierten sich an Ortsplanungsmodellen, wie sie in der überwiegenden Mehrzahl der Gemeinden des Tessins Anwendung finden, wo die harsche Kritik der "offiziellen Planungspolitik" von Seiten Snozzis, Bottas, Galfettis und anderen nicht auf fruchtbaren Boden gefallen war. Erwähnung verdient ferner, daß im Verlauf der Arbeiten die neuen Planungskonzeptionen Schritt für Schritt Wirkung auf das gesamte Gebiet der Ortschaft zeigten und am Ende Auswirkungen auf das gesamte baufähige Land des Ortes hatten.

Der neue Richtplan wurde schließlich auch vom neuen Gemeinderat angenommen und in der Sitzung vom 16. Juni 1990 mit nur zwei Gegenstimmen ratifiziert.

Es kann kein Zweifel daran bestehen, daß das Beispiel von Monte Carasso - auch wenn es im Tessin immer noch auf Mißtrauen stößt - einen beachtlichen Beitrag zu einer Revision der bislang gültigen Ortsplanung geleistet hat. Wohl am schwierigsten läßt sich das Verhältnis der Bürger zum Planungsprozeß erklären. (Das Thema ist übrigens Gegenstand einer Untersuchung von Studenten, deren Ergebnisse allerdings noch nicht vorliegen.)

Dabei handelt es sich nicht um eine zweitrangige Frage. Die Gemeindeordnung im Tessin bietet Raum für direkte Bürgerbeteiligung. Die Arbeit der Behörden kann durch Referenden und Initiativen kontrolliert und mitbestimmt werden. Referenden gelten in unseren Breiten im übrigen als das wirkungsvollste Instrument zur Kontrolle staatlicher Organe, das infolge des reinen Verhältnissystems (und des allgemeinen Wahlrechts für die Exekutive und die Legislative) unweigerlich den Zusammenhalt fördert.

In questa fase il dibattito è, quasi tutto, all'interno del municipio, ciò che ci impedisce di riferire, troppo nel dettaglio, gli accadimenti poiché l'operato dell'esecutivo comunale è in massima parte "protetto" dal segreto d'ufficio.

Anche in questo caso, si sono confrontate due concezioni pianificatorie che già si erano evidenziate sul piano viario. Da una parte vi è chi sposa, sin dall'inizio, la "filosofia Snozzi" e, dall'altra, coloro che invece condividono solo in parte (o addirittura avversano) questa visione, privilegiando una pianificazione territoriale più in linea con quanto si fa nella stragrande maggioranza dei comuni ticinesi dove, peraltro, le grosse critiche alla "pianificazione ufficiale" formulate da Snozzi, Botta, Galfetti, ecc. non fanno molti proseliti.

Bisogna infine ricordare che, in corso d'opera, i nuovi concetti pianificatori si sono estesi a macchia d'olio. Partendo dai nuclei e dalla zone di contorno, in fasi successive si è giunti a comprendere tutto il territorio edificabile.

Il nuovo piano regolatore, sostenuto poi anche dal nuovo municipio, è quindi approvato nella seduta del 16 giugno 1990 del consiglio comunale con solo due opposizioni.

Non vi è dubbio che l'esempio concreto di Monte Carasso - anche se in Ticino è guardato ancora oggi con una certa diffidenza - ha comunque portato un notevole e positivo contributo ad un processo di revisione della pianificazione territoriale locale tuttora in atto.

Il fenomeno forse più complesso da spiegare resta comunque quello dei rapporti dei cittadini con questo tipo di proposte pianificatorie. Il tema è peraltro oggetto di una ricerca da parte di un gruppo di studenti universitari di cui non si conoscono però ancora le conclusioni.

La questione non è secondaria poichè l'assetto istituzionale del comune ticinese predispone meccanismi che facilitano l'esercizio dei diritti popolari. L'operato delle autorità può essere sottoposto ricorrentemente , con l'arma del referendum o dell'iniziativa, alla verifica popolare. L'istituto del referendum è peraltro considerato alle nostre latitudini come lo strumento più efficace di

Es ist jedoch auch bekannt, daß dieses komplizierte politische System Innovationen eher verhindert, da im allgemeinen das Volk in der Schweiz konservativer ist als seine Regierungen. So bleibt also die Frage, warum die Bürger von Monte Carasso entgegen dem verbreiteten Abstimmungsverhalten der Schweizer soviel Reformfreudigkeit an den Tag legten.

Eine Erklärung dafür findet sich meiner Meinung nach in den folgenden besonderen Umständen:

a) Der stichhaltigste Grund liegt vielleicht in der starken Bindung der Bevölkerung von Monte Carasso (die in der großen Mehrzahl aus alteingesessenen Familien besteht) zu ihrer Heimat. Schließlich entspannen sich die ehrgeizige Planungen an dem Vorschlag zur Restaurierung des alten Augustinerinnen-Klosters, einem kleinen Juwel der ländlichen Renaissance-Architektur, das infolge der Vernachlässigung und Verunstaltungen, die es nach seiner Profanisierung erfuhr, zu einer Ruine verkommen war. Wahrscheinlich war die Vorstellung einer Wiederherstellung der ursprünglichen Schönheit dieses Gebäudes ein identitätsstiftendes Moment für eine Gemeinde, die durch den Verlust ihrer ländlichen Identität zugleich einen kulturellen Wertverlust erlitten hatte.

b) Zu erwähnen ist auch das traditionelle Vertrauensverhältnis zwischen Bürgern und Gemeindebehörden, das wenigstens bis Mitte der 80er Jahre noch weit verbreitet war. Unter anderem begünstigt durch die überschaubare Größe der Gemeinde genossen die Beamten und Verantwortlichen hier schon immer einen Vertrauensvorschuß. Wenn der traditionelle Montecarassiner auch unbequem ist und gelegentlich auch manches nicht verstehen mag, so bleibt er doch im Grunde überzeugt, daß die Behörden dem Gemeinwohl dienen.

c) Besonders im Hinblick auf die neuen Bauvorschriften für private Bauträger war bereits während der Erprobungsphase deutlich geworden, daß sich die Ausweitung der Bautätigkeit und die größere planerische Freiheit mit einer höheren Qualität der Entwürfe besonders in Bezug auf die vorhandene Bebauung und den öffentlichen Raum verbinden ließen.

controllo delle decisioni degli organi istituzionali che, per effetto di un sistema proporzionale puro (e a suffragio universale sia per l'esecutivo così come per il legislativo) ha, inevitabilmente, una forte connotazione consociativa.

È però noto che questo complesso sistema politico ha quasi sempre penalizzato i processi più innovativi poichè, in genere, il popolo svizzero tende ad essere più conservatore dei propri governi. Restano pertanto da spiegare le ragioni per le quali i cittadini di Monte Carasso, in controtendenza rispetto a quasi tutte le prese di posizione del popolo svizzero, abbiano accettato proposte così poco conformistiche.

Dal nostro punto di vista, questo fenomeno è spiegabile tenendo conto delle seguenti circostanze particolari.

a) La più consistente riguarda forse il forte radicamento della popolazione di Monte Carasso (composta in grande maggioranza da famiglie da molte generazioni residenti in questo luogo) con il proprio territorio. Bisogna ricordare che questo ambizioso progetto pianificatorio è decollato sulla proposta di restauro dell'antico convento delle Agostiniane, piccolo gioiello dell'architettura rinascimentale rurale, ridotto a rudere per la grave incuria e per le troppe deturpazioni di cui fu vittima nella sua parte di vita "laica". È probabile che l'idea di vedere questo monumento restituito alla sua originaria bellezza ha rappresentato, per l'immaginario collettivo, un'occasione di riscatto di un'intera comunità che stava nel frattempo conoscendo una crisi di valori a causa della perdita della sua identità rurale.

b) Non va inoltre sottaciuta l'importanza del tradizionale rapporto di fiducia - ancora molto diffuso fino almeno alla metà degli anni ottanta - tra cittadino e autorità. Favorito peraltro dalle piccole dimensioni del comune, il moncarassese tradizionale, benché irriverente - almeno a parole - verso i propri amministratori, concede loro un certo credito per cui, anche se talvolta non capiva, comunque si adeguava, convinto in cuor suo che l'autorità può solo operare per il bene della collettività.

d) Das große Echo und die internationale Anerkennung, die das Projekt fand, taten nach meiner Überzeugung ein übriges. Auch wenn die Bevölkerung weiterhin (vielleicht sogar verständliche) Vorbehalte hegte: Durch die Aufmerksamkeit in Universitätskreisen, bei Fachzeitschriften und in den großen Medien sowie durch die beinahe täglichen Besucher wurde ihr bewußt, daß sich in ihrer Ortschaft etwas Bedeutendes ereignete, auf das man stolz sein konnte.

Es ist daher nicht übertrieben, zu sagen, daß die Schwierigkeiten, die gelegentlich das Projekt mit dem Scheitern bedrohten, nie durch einen tiefgreifenden Widerstand in der Bevölkerung verursacht wurden.

Die Verantwortlichen schulden den Bürgern der Gemeinde Dank, daß sie ihnen die nötige Zeit gaben, damit dieses Projekt konkrete Formen annehmen konnte. Ich glaube, das Vertrauen der Bürgerschaft hat sich durch die langersehnte Schaffung bedeutender öffentlicher Bauten und durch hohes Prestige für den Ort ausgezahlt. Diese Erfahrung und die Qualität des nun verfügbaren Platzes regte die Gemeinde dazu an, alljährlich ein Kulturprogramm zu veranstalten, das nun im Begriff ist, zu einer festen Institution zu werden. Zusammen mit der Schule erfüllt dieses Kulturprogramm das Zentrum von Monte Carasso heute mit neuem Leben.

c) Soprattutto per quanto attiene alle nuove norme per l'edilizia privata, già in fase di sperimentazione era parso possibile scambiare l'aumento delle potenzialità edilizie e una più ampia liberalità edificatoria con un maggior rigore qualitativo nell'impostare il progetto, in particolare nel suo rapporto con l'esistente e con gli spazi pubblici.

d) La vasta eco e i riconoscimenti nazionali e internazionali di questo esperimento hanno poi fatto, secondo noi, il resto. L'attenzione degli ambienti universitari, delle riviste specializzate, dei grandi mezzi di comunicazione, l'arrivo quasi quotidiano di visitatori e quant'altro ancora sono serviti a far percepire alla gente che, al di là di tante e magari anche comprensibili riserve, stava sicuramente succedendo qualcosa d'importante di cui bisognava esserne fieri.

Non è certo una forzatura quindi se affermiamo che, se questo progetto ha attraversato momenti difficili nei quali il rischio di fallimento pareva dietro l'angolo, ciò non è mai dipeso da una vera opposizione popolare.

Senza enfasi si può quindi affermare che, gli amministratori comunali di questo villaggio devono essere grati ai propri cittadini per aver loro concesso il tempo necessario di concretizzare questo progetto, fiducia che è stata, secondo noi, ampiamente ripagata dalla realizzazione di importanti opere pubbliche, di grande prestigio, attese da tempo dalla cittadinanza.

Grazie a questa esperienza particolare e alla qualità degli spazi disponibili, il comune ha poi avuto lo stimolo di promuovere un programma annuale di manifestazioni culturali che si sta ormai consolidando e che, congiutamente agli usi scolastici, animano il centro del paese.

Flavio Guidotti
Bürgermeister

Der Gemeindepräsident und das Projekt

Es war Ende der siebziger Jahre, ein Nachmittag im Herbst, der mir als besonders windig in Erinnerung ist. Ich spazierte durch die Gassen meines Dorfes, das bis dahin noch kaum nennenswerte ortsplanerische Veränderungen erfahren hatte.

Der kalte Wind trieb mit den Blättern Papier vor sich her, das wer weiß woher geweht sein mochte und mit einer sicheren und gleichmäßigen Handschrift eng beschrieben war. Es weckte meine Neugier. Es sah wie ein Brief aus, doch tatsächlich entpuppte es sich als ein Artikel für eine Architekturzeitschrift, der den Lesern der Zeitschrift die Verwandlung eines kleinen Dorfes schilderte. Durch den Eingriff eines fähigen Architekten war das Dorf grundlegend umgestaltet worden. Ich hatte zunächst gezögert, die doch wohl privaten Aufzeichnungen des unbekannten Schreibers zu lesen, und war dann rasch der Faszination des beschriebenen Projektes erlegen. Ich dachte an den Ärger, den der Verlust dieses fesselnden Schriftstückes seinem Autor bereiten würde.

Ich hätte es gerne zurückgegeben, aber es gab keinen Hinweis auf seine Herkunft: Es fanden sich weder Namen von Personen noch eines Landes oder ein Datum. Je länger ich las, desto mehr kam mir dieses außergewöhnliche Architekturprojekt wie ein Märchen und mehr noch wie ein Wunschtraum vor. Seinem Wortschatz nach zu urteilen konnte der mysteriöse Schreiber kein Fachmann für Architektur oder Ortsplanung sein, auch wenn er seine Informationen aus erster Hand zu haben schien. Er entstammte anscheinend eher der politischen Sphäre. In der Ausdrucksweise des Schreibers schien weniger ein rein technischer Blickwinkel als vielmehr eine im besten Sinne des Wortes politische Perspektive durch.

Der Artikel befaßte sich also mit einem stadtplanerischen Projekt. Das Projekt war interessant und innovativ und von einer ganz besonderen Qualität. So verdiente es nicht nur die Aufmerksamkeit eines breiten Publikums, sondern auch die Wertschätzung der Bevölkerung, jedenfalls von dem Moment an, in dem seine Bedeutung und seine Auswirkungen auf das Leben in der Gemeinde erfaßt werden konnten. Mir blieb nichts anderes übrig als die Aufzeichnungen des Unbekannten zu Hause in einer Schatulle auf-

Flavio Guidotti
sindaco

Il sindaco e il progetto

Era un pomeriggio d'autunno, sul finire degli anni settanta, che ricordo particolarmente ventoso. Passeggiavo per le strade del mio paese che ancora non aveva subito alcuna significativa modifica urbanistica. Quel freddo vento, con le foglie, sospingeva, proveniente da chissà dove, dei fogli.

Il fatto che ospitassero, densamente stipate, frasi scritte con una calligrafia sicura ed armoniosa mi incuriosì. Sembrava una lettera. Si rivelò, invece, un articolo, destinato ad una pubblicazione di architettura, che intendeva pubblicare ai lettori un servizio su un piccolo villaggio.

Il paese era stato profondamente trasformato dall'intervento di un capace architetto. Io avevo cominciato, prima timoroso di invadere la sfera privata del seppur misterioso articolista, poi rapito dall'affascinante avventura, la lettura dello scritto. Pensavo alla rabbia di chi dal vento era stato privato di un così avvincente documento.

Avrei voluto restituirglielo ma nessuna indicazione ne svelava la provenienza. Non si leggevano nomi propri di persone o di paese, né date. Sembrava e questo si scopriva, man mano che gli occhi proseguivano tra l'inchiostro, una favola. Tutt'al più, considerata l'eccezionalità del progetto descritto, un sogno, un desiderio. Il misterioso articolista, per il lessico usato non poteva essere uno specialista di architettura o di urbanistica. Semmai, pur essendo stato evidentemente il testimone di un'esperienza vissuta in prima persona, il tono faceva presagire una sua implicazione in un contesto politico. Più che esporre il progetto da un punto di vista tecnico, le frasi lasciavano trasparire evidente l'impronta politica, nell'accezione più nobile del termine, dell'approccio di chi scriveva.

L'argomento di fondo della pubblicazione a cui l'articolo trovato era destinato, l'abbiamo capito, si riferiva ad un progetto urbanistico. Ma anche l'apprezzamento della popolazione locale, almeno a partire dal momento in cui sono state comprese l'importanza e la ricaduta sulla vita sociale. Costretto a custodire queste carte di nessuno, decisi di riporle, come un sogno, in un cassetto.

zubewahren. Um aber an seinem Reiz auch andere teilhaben zu lassen, sei ihr Inhalt hier kurz wiedergegeben. Der Artikel begann mit einer Beschreibung der stadtplanerischen Ausgangssituation. Die Kommune verließ sich bei ihrer Raumplanung auf das Urteil von Experten, die sich an vorgegebenen Planungsmodellen orientierten, die damals sehr verbreitet waren und nach Ansicht des unbekannten Autors das Siedlungsgebiet eher in quantitativer als in qualitativer Hinsicht erfaßten.

Der Flächennutzungsplan war in der Gemeinde lange diskutiert und dann mit fast einhelliger Mehrheit angenommen worden. Der einzige umstrittene Punkt war die künftige Lage der Schule, doch alle Beteiligten stimmten im Grunde mit einer dezentralen Lösung überein, wie sie damals allgemein bevorzugt wurde. Umstritten war allein, welches Grundstück für die Schule gewählt werden sollte. Da man nicht zu einer Einigung gelangte, schlugen Bürger in einer Initiative eine neue Lösung vor, deren Verdienst der unbekannte Autor hervorhob. Anderseits hielt er auch diesen Vorschlag letztlich nicht für tragfähig, und vergleicht man ihn mit dem späteren Projekt, so wird schnell deutlich, daß seine Verwirklichung der Gemeinde zum Nachteil gereicht hätte.

Das große Verdienst des Konfliktes war aber, das Augenmerk auf das wichtige und bis dato völlig übersehene Kloster zu lenken, das beim späteren Projekt eine entscheidende Rolle spielen sollte. Die Restaurierung des Klosters, das dann zum Sitz der Schule wurde, war alles andere als vorhersehbar. Eine solche Lösung war in den fünfzehn Jahren, in denen der Flächennutzungsplan diskutiert worden war, nicht einmal ins Auge gefaßt worden, denn das Areal, in dem das Kloster liegt, war als reines Wohngebiet ausgewiesen.

Der Autor des Artikels, den der Wind zwanzig Jahre zuvor vor meine Füße getrieben hatte, hob die entscheidende Wendung hervor, die die Planungen der Gemeinde durch diesen Lösungsvorschlag nahmen. Mit dem Projekt wurde schließlich ein kompetenter Architekt betraut, den der Autor des Artikels leider nicht mit Namen nannte, dessen hervorragende Eignung, Engagement und Sensibilität er jedoch hervorhob. Statt sich darauf zu beschränken,

Per rendere voi, lettori, partecipi del fascino sprigionato da quei fogli, accenno ai contenuti ivi consegnati.

L'articolo prendeva avvio con la descrizione dell'iniziale situazione urbanistica del paese. Il comune si era affidato a specialisti della pianificazione del territorio. Questi proponevano un piano regolatore che ricalcava schemi prestabiliti, largamente diffusi in quel periodo. Il misterioso redattore rilevava che i criteri prediligevano aspetti quantitativi piuttosto che qualitativi. Si era discusso sul progetto per un lungo periodo, poi lo si era approvato pressoché con un'unanimità di consenso. Unica eccezione che divideva gli interessati era la scelta dell'ubicazione delle infrastrutture scolastiche.

Sostanzialmente erano quasi tutti concordi, in sintonia con la tendenza in auge allora, sulla preferenza di una soluzione decentralizzata. La vera divisione consisteva nel preferire un comparto territoriale piuttosto che un altro. L'impossibilità di giungere ad una soluzione concordata, aveva creato una reazione coinvolgendo, con un'iniziativa, la popolazione. L'articolo proseguiva constatando, da una parte il merito di quella proposta di sollevare il problema, e dall'altra la fortuna della sua mancata realizzazione. Infatti, se confrontata con il progetto poi realizzato, facile era capire quale sarebbe stata la perdita per quel Paese. Questa conflittualità aveva però avuto il merito di aprire gli occhi su una presenza di assoluta importanza e funzionale ad una soluzione del tutto nuova ma sino a quel punto nemmeno immaginata. Si dava visibilità infatti al recupero del convento. La scelta di restaurare quell'edificio e di insediarvi le scuole era tutt'altro che scontata. Tant'è vero che nei precedenti quindici anni di discussione mai era entrata in considerazione e neppure ipotizzata dagli operatori urbanistici.

In effetti il monastero era stato allora integrato dal piano regolatore nella zona di carattere residenziale. A questo punto, chi scrisse la lettera che il vento condusse a me quasi vent'anni orsono, sottolineava il fatto rilevante, che aveva permesso all'intera popolazione di subire una svolta decisiva. Il progetto era

die Schule in das Kloster zu integrieren, hatte er den brillanten Einfall, das ganze historische Zentrum wiederherzustellen. Gerade hierin ist die Qualität des ganzen Projektes zu suchen. Das Kloster wurden zum Angelpunkt, um den sich das gesamte Projekt drehte. Seine bauliche Umgestaltung hatte so Auswirkungen auf die ganze Ortschaft und bildete den Ansatz zu einer sozialen, kulturellen und städtebaulichen Gesamtkonzeption.

Der Autor des Artikels unterließ es aber auch nicht, besonders die finanziellen Unwägbarkeiten dieses Wagnisses deutlich zu machen. Nachdem das Kernprojekt verabschiedet worden war, ging es nun darum, es auf den ganzen Bezirk auszudehnen, der das Umfeld des historischen Zentrums bildet - mit all den damit verbundenen Vorzügen und Spannungen.

Zuerst im unmittelbaren Umfeld und später auf dem gesamten Ortsgebiet bis an die Ortsgrenzen waren dazu sorgfältige Vorstudien und Experimente notwendig. Der Autor strich die Schwierigkeiten hervor, bei den verschiedenen Etappen der Ausführung den erforderlichen Konsens zu erzielen.

Die Umgestaltung des Klosters war auf breite Zustimmung gestoßen, sei es aus der allgemeinen Wertschätzung für dieses Gebäude, sei es aus - hier unerheblichen - politischen Motiven. Im Hinblick auf das übrige Gemeindegebiet war die Situation eine ganz andere. Besonders der Vorschlag eines neuen Verkehrswegeplans, der auf das historische Zentrum Bezug nahm, stieß auf erhebliche Widerstände. Nur dem hartnäckigen Einsatz derer, die mittlerweile die Bedeutung des Projektes erkannt hatten, war es zu verdanken, daß er verwirklicht werden konnte.

Experimente waren vonnöten, um zu einer größeren Einheitlichkeit der übrigen Bebauung der Ortschaft zu gelangen, zunächst im Umfeld des historischen Zentrums und dann nach und nach auch an der Peripherie. Unmittelbare Ergebnisse der ersten Ausführungsphase waren zwei Gebäude, die das Umfeld des Zentrums neu charakterisieren sollten: die Bank und das Haus des Sindaco. Die folgende Phase betraf die einzelnen Bebauungskerne der Ortschaft, denen eine größere Geschlossenheit verliehen werden sollte. Das

stato affidato, finalmente ad un valido architetto, che purtroppo, l'articolista non ci riservava la cortesia di citare ma del quale evidenziava la grande capacità professionale, il notevole spessore di impegno civile e la straordinaria sensibilità. Anzichè limitarsi ad inserire il complesso scolastico nel monastero, la sua genialità gli aveva suggerito di inventare un vero e proprio centro storico. Ed è proprio qui che risiedeva la qualità del progetto. Il convento diventava il perno attorno a cui ruotava tutto il progetto. La sua qualità irradiava soluzioni interessanti suscettibili di dare solide e convincenti risposte di segno sociale, culturale e urbanistico a tutto il villaggio. Lo scritto destinato alla pubblicazione non tralasciava di illustrare le insidie di un'avventura, anche se ammiccante, soprattutto per le implicazioni finanziarie che comportava. Una volta approvato il progetto, che assumeva il nome di ZPM, se ne dovevano estendere i contenuti fondamentali, i pregi e le tensioni anche al comprensorio che faceva corollario al centro storico. Per fare ciò si doveva promuovere un lavoro di ricerca, di sperimentazione, dapprima nella zona immediatamente di contorno e successivamente alla "periferia".

Nel proseguio della descrizione delle varie tappe si mettevano in luce le difficoltà, non indifferenti, di ottenere il necessario consenso. Se il centro, sia per motivi politici contingenti sia per legami affettivi col convento aveva riscontrato un ampio consenso, per il resto del comprensorio la realtà era ben diversa.

Infatti la proposta di un nuovo piano viario coerente con i criteri introdotti nella ZPM aveva dovuto confrontarsi con ostacoli di mole notevole. Solo un impegno caparbio da parte di coloro che ormai avevano compreso l'importanza della posta in palio, consentiva di portare a buon fine la proposta. L'esigenza di trovare nuove modalità per disciplinare anche l'edificazione del territorio rimanente richiedeva una sperimentazione.

Dapprima attorno al nucleo centrale, poi via via verso l'esterno. Elementi tangibili della prima tappa di quella ricerca, due tentativi di segnare la zona circostante alla ZPM: la banca e la casa del sindaco. Poi la fase successiva si estendeva ai nuclei del villaggio,

erste Ziel war es hier, eine Zusammenballung von fragmentierten und mit der Zeit in ihrer baulichen Qualität zunehmend gesunkenen Bebauung in eine kompakte und kohärente Einheit zu verwandeln. Die Grundlinien dieser Vorgehensweise traten in den Vorschlägen zur Änderung des Verkehrswegeplans und zur Aufwertung der alten Bebauungskerne der Wohngebiete zu Tage. Wie immer die einzelnen Änderungen im Detail aussahen, ihr Hauptziel war es, die Wohngebiete qualitativ aufzuwerten und ihnen größere Bedeutung zu verleihen.

Deutlich wurde in den Aufzeichnungen des unbekannten Autors, wie stark die Spannungen und Mißverständnisse unter den politischen Fraktionen angesichts einer derart radikalen Änderung des Flächennutzungsplanes unausweichlich sein mußten. Der Hinweis auf einige Widersacher, die sich im Verlauf der Auseinandersetzungen nicht durchsetzen konnten, war in dieser Hinsicht aufschlußreich und hätte durchaus geeignet sein können, in dieser kritischen Phase des Projekts die entscheidende Unterstützung der Kantonsregierung zu erlangen.

Die Kantonsregierung hatte die Anstrengungen der Gemeinde hingegen fast mit Mißtrauen verfolgt und ihr keine offene Unterstützung zukommen lassen, und dies, obwohl die Pläne aufgrund ihrer innovativen Qualität jeden Beistand verdient hätten.

So waren der Gemeindepräsident und diejenigen, die mit ihm zusammen hinter dem Projekt standen, in dieser harten Auseinandersetzung isoliert. Zudem waren sie keine Planungsexperten und konnten daher auch nicht in allen Einzelheiten des Projektes sachkundig sein.

Doch die Befürworter waren mit ganzem Herzen bei der Sache. Die größere Einsatzbereitschaft, der größere Durchhaltewille und die größere Entschlossenheit waren auf ihrer Seite und so konnten sie das Projekt erfolgreich verteidigen und es über alle Hürden bringen. Der Artikel, von dem ich hier berichtet habe, hatte wie alle Märchen ein Ende, und ein unfehlbar gutes Ende dazu. Nachdem das Projekt einen nationalen Preis erhalten hatte, wurde ihm sogar weltweite Anerkennung zuteil. Die zahlreichen Veröffentlichungen zeugen

nell'ottica di una loro ricucitura. Trasformare un agglomerato frammentato ed in via di continuo e progressivo impoverimento qualitativo in una nuova entità compatta e coerente, risultava ormai lo scopo primo. Le caratteristiche fondamentali di quel modo di operare erano individuabili nelle soluzioni propositive di adeguamento del piano viario e di approfondimento e valorizzazione dei comparti residenziali degli antichi nuclei del villaggio. Comunque si operasse, l'obiettivo che ogni intervento perseguiva restava sempre quello di promuovere un contesto abitativo qualitativamente significativo. Dalle righe autografe del misterioso documento emergevano limpide le tensioni e le incomprensioni nell'ambito politico che un cambiamento così radicale della pianificazione aveva inevitabilmente creato.

L'accenno a qualche avversario ferito nel corso della virulenta battaglia, era per altro al riguardo molto eloquente. Certo che, e qui venivano mossi giudizi risentiti nei confronti del cantone, questo avrebbe dovuto assumere un ruolo promozionale e di sostegno che poteva rivelarsi determinante in una fase tanto delicata. Aveva guardato, invece, se non con sospetto, senza manifestare aperto sostegno ad un proposta che, proprio perchè innovativa, meritava invece di essere aiutata a crescere.

Di conseguenza, il sindaco e chi con lui sosteneva il progetto, si erano trovati isolati in questa lotta ardua. Dalla loro parte non c'era la competenza specifica nè la comprensione di tutte le peculiarità del progetto. Le carte che avevano giocato erano di seme rosso e cuoriforme. Cuore che, unito alla sensibilità e ad una enorme forza della motivazione, aveva permesso loro di credere nel progetto, di portarlo avanti con vigore e di difenderlo con determinazione. L'articolo che ho deciso di riproporre in questa sede aveva come tutte le favole, un finale. Ed immancabilmente il fine era lieto. Dopo un premio di portata nazionale, il progetto riceveva niente meno che un riconoscimento di risonanza mondiale. La ricca bibliografia testimoniava di un'esperienza eccezionale che, non solo si era imposta per la sua originalità, ma era ormai entrata nel cuore della popolazione che ne aveva ormai compre-

von einem außergewöhnlichen ortsplanerischen Projekt, das nicht nur aufgrund seiner Originalität überzeugte, sondern mittlerweile einen festen Platz im Herzen der Bürger gewonnen hat, denen seine positiven kulturellen und sozialen Auswirkungen auf das Leben der Gemeinde nicht verborgen bleiben konnten. Der Architekt, dem das Verdienst der technischen und künstlerischen Planung und Ausführung zukommt, der Gemeindepräsident, der sich mit aller Kraft politisch für dieses Projekt stark machte, und die Einwohner der Ortschaft, die durch ihr großes Vertrauen und ihre Beteiligung an den Planungen dieses Wagnis erst möglich machten, das einen entschiedenen Fortschritt für den Ort erbrachte, lebten glücklich und zufrieden, und wenn sie nicht gestorben sind...

Der Epilog zeigt nur umso deutlicher die märchenhafte Qualität der Geschehnisse, die ich noch vor zwanzig Jahren in das Reich der Fabel verwiesen hätte. Heute ist ein Frühlingstag. Wir leben in der Mitte des letzten Jahrzehnts des 20. Jahrhunderts. Der Nachmittag ist windig, zu windig für diese Jahreszeit.

Der Wind treibt keine Blätter mehr vor sich her, und auch kein Blatt Papier. Das macht gar nichts: Wir brauchen es nicht mehr. Das richtige Papier erreichte uns vor Jahren zur rechten Zeit. Um der Pflicht Genüge zu leisten, die Erfahrungen mit dem Projekt zu schildern, das Luigi Snozzi in Monte Carasso verwirklicht hat, reichte es aus, eine Schatulle zu öffnen, jene, in die ich zusammen mit anderen Träumen ein Dokument legte. Viele andere sind noch darin. Zumindest dieser ist wahr geworden.

so la ricchezza per via delle generose ricadute socio-culturali. L'architetto, a cui si doveva il merito tecnico ed artistico, il sindaco, tributato per il suo impegno politico e gli abitanti del villaggio per il gesto di grande fiducia che aveva permesso l'avventura e per essersi attivamente coinvolti in quell'avvenimento di sicuro progresso, come i principi, vissero felici e contenti.

L'epilogo rispecchiava appieno il contesto fiabesco che vent'anni fa credevo non potesse che rimanere tale.

Oggi è un giorno primaverile. Siamo a metà dell'ultimo decennio del ventesimo secolo. Il pomeriggio è sempre ventoso, troppo ventoso per questa stagione. Il vento non ha più foglie da sospingere, e neppure fogli. Poco male: ormai non servono più. I fogli giusti arrivarono al giusto posto, anni fa. Per adempiere al compito assegnatomi di testimoniare l'esperienza da me vissuta nel progetto realizzato da Luigi Snozzi a Monte Carasso mi è bastato aprire un cassetto. Quello in cui deposi, assieme ad altri sogni, un documento. Molti sono ancora lì. Questo almeno si è avverato.

Turnhalle

Palestra

Turnhalle

Palestra

Das ehemalige
Augustinerinnen-Kloster

L'ex-convento delle Agostiniane

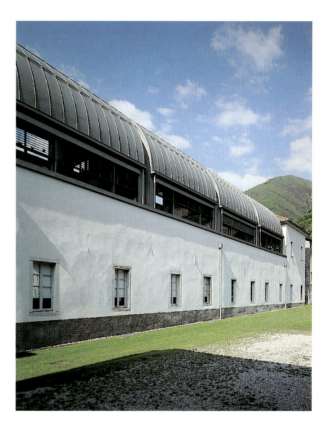

Haus d'Andrea

Casa d'Andrea

Doppelhaus Guidotti

Case Guidotti

Haus des Bürgermeisters

Casa del sindaco

Biographien

Biografie

Luigi Snozzi

1932 Geboren in Mendrisio (Schweiz)
1952-57 Studium an der Eidgenössischen Technischen Hochschule in Zürich
1957-58 Praktikum im verschiedenen Architekturbüros in Locarno und Lugano (Arch. Peppo Brivio und Arch. Rino Tami)
1958 Eröffnung eines eigenen Architekturbüros in Locarno
1962-71 Zusammenarbeit mit Arch. Livio Vacchini
1962-74 Mitglied der Kantonalen Kommission "Bellezze Naturali"
1973-75 Gastdozent an der Eidgenössischen Technischen Hochschule in Zürich
1975 Eröffnung eines Architekturbüros mit Arch. Bruno Jenni in Zürich
1980-82 Gastdozent an der Eidgenössischen Technischen Hochschule in Lausanne
1983 Ehrenmitglied "Bund Deutscher Architekten"
1984-85 Gastdozent an der Eidgenössischen Technischen Hochschule in Lausanne
Ab 1985 Professor an der Eidgenössischen Technischen Hochschule in Lausanne
1986-88 Präsident des "Gestaltungsbeirats", Salzburg
Ab 1987 Gastdozent an der SCI-ARC, Vico Morcote, Sommersemester
1988 Eröffnung eines Architekturbüros in Lausanne
1993 Beton - Architekturpreis
Wakkerpreis (Schweizerischer Heimatschutz)
Preis "Prince of Wales" (Harvard University)
1994 Ehrenmitglied "SIA"
Mitglied der Akademie der Künste, Berlin

Luigi Snozzi

1932 Nato a Mendrisio (Svizzera)
1952-57 Studi al Politecnico federale di Zurigo
1957-58 Pratica in diversi studi d'architettura a Locarno e Lugano (arch. Peppo Brivio e arch. Rino Tami)
1958 Apertura di uno studio a Locarno
1962-71 Studio con arch. Livio Vacchini
1962-74 Membro della commissione cantonale delle bellezze naturali
1973-75 Professore invitato al Politecnico federale di Zurigo
1975 Apertura di uno studio a Zurigo con arch. Bruno Jenni
1980-82 Professore invitato al Politecnico federale di Losanna
1983 Membro d'onore del "Bund Deutscher Architekten"
1984-85 Professore invitato al Politecnico federale di Losanna
Dal 1985 Professore ordinario al Politecnico Federale di Losanna
1986-88 Presidente della commissione "Gestaltungsbeirat", Salisburgo
Dal 1987 Professore invitato alla SCI-ARC di Vico Morcote, semestre estivo
1988 Apertura di uno studio a Losanna
1993 Premio Beton
Premio Wakker (lega svizzera per la salvaguardia del patrimonio Nazionale)
Premio "Prince of Wales" (Università di Harvard)
1994 Membro d'onore della società ingegneri ed architetti svizzeri
Membro dell'Akademie der Künste, Berlino

Ausstellungen / Esposizioni

1980 "Bauen 70/80 in der Schweiz", Pro Helvetia
1981 "Panorama Van De Avant-Gardes", Academie voor Schone Kunsten Arnhem
1982 "Incontro con Alberto Sartoris", Stabio
1983 "La modernité un Projet inachevé", Festival d'automne, Paris
1984 "Luigi Snozzi", Architekturmuseum, Basel
1986 "Costruzioni e progetti", Paris, Kopenhagen, Lausanne
"Luigi Snozzi: Realisations et Projects", Centre Culturel Suisse, Paris
1987 "Le città immaginate. Un viaggio in Italia", Triennale Milano
1988 "Luigi Snozzi: Bologna, Milano e Monte Carasso", progetto città, Padova
"Luigi Snozzi: progetti e architetture", SCI-ARC, Vico Morcote
1989 "Luigi Snozzi: Architektuur Van een radicale schoonheid", Antwerpen
"Luigi Snozzi: Bauten und Projekte", Heiligenkreuzerhof, Wien
"Monte Carasso: un processo in atto", Monte Carasso
1989-90 "Luigi Snozzi, Architekt", Galerie Nova, Pontresina
1990 "Snozzi-Vacchini-Galfetti", Museum of Finnish Architecture, Helsinki
1991 "Luigi Snozzi, Architetture recenti", Museo Vela, Ligornetto
1992 "Luigi Snozzi, Architetture recenti", Architektur Forum, Bern
"Luigi Snozzi, Architetture recenti", EPF Lausanne
1993 "Luigi Snozzi, Projekty 87-92", Staromestska Radnice, Praha
"Analogies li", mit Niele Toroni, Galerie Knapp, Lausanne
"Luigi Snozzi: Monte Carasso", Preis "Prince of Wales", Cambridge
1994 "Constructions et Projets, 1972-1992", Université du Quebec, Montreal
"Constructions and Projects 1972-1992", Columbia University, New York

Stefania Beretta

1957 Geboren in Vacallo (Schweiz)
1977 Abschluß der Fotoklasse am Centro professionale di Lugano / Trevano
1979 Eröffnung eines Ateliers in Giubiasco Arbeiten für Architekturfotografie und Kunstreproduktionen
1986 Begegnung mit Bildhauer Arman in Nizza
Beginn einer Serie Portraits zeitgenössischer Künstler
1987 Portrait von Zoran Music in seinem Atelier in Venedig
Reportage "Rito di cremazione" der Indienreise wird in "Il Ticino e i suoi fotografi" veröffentlicht
1988 Portraitserie in New York: Not Vital, Bernard Venet, Arman
1989 Fotos für die Publikation über Architekt Galfetti, erschienen im Verlag G.Gili, Barcelona
1991 Portrait von Daniel Spörri in Verona
1992 Mitarbeit an der Architekturpublikation (Verlag Ernst & Sohn, Berlin) über das "Castelgrande" in Bellinzona
Ankauf von 5 Fotos aus "Ritratti d'Oriente" durch die Schweizerische Stiftung für Fotografie
1993 Architektur-Workshop mit dem Fotografen Gabriele Basilico
Portrait von Mimmo Rotella in seinem Atelier in Mailand
1994 Aufenthalt an der Cité Internationale des Arts in Paris (Stipendium SPSAS Ticino)
1995 1. Preis für Fotografie der "Società Ticinese di Belle Arti"

Stefania Beretta

1957 Nasce a Vacallo (Svizzera)
1977 Termina gli studi di fotografia al Centro Professionale di Lugano / Trevano
1979 Apertura di un atelier a Giubiasco Lavori d'architettura e riproduzioni d'arte
1986 A Nizza incontra lo scultore Arman e inizia una serie di ritratti di artisti contemporanei
1987 ritratto di Zoran Music nel suo atelier a Venezia
Pubblica il reportage "Rito di cremazione" da un viaggio in India su "Il Ticino e i suoi fotografi"
1988 A New York esegue una serie di ritratti d'artista tra i quali Not Vital, Bernard Venet, Arman
1989 Esegue le fotografie per una pubblicazione della Casa editrice G. Gili di Barcellona sull'architettura di Aurelio Galfetti
1991 A Verona incontra e ritrae Daniel Spörri
1992 Realizzazione di un libro di architettura su Castelgrande di Bellinzona per Ernst & Sohn di Berlino
Acquisto da parte della Fondazione Svizzera per la Fotografia di 5 foto della serie "Ritratti d'Oriente"
1993 Workshop d'architettura con il fotografo Gabriele Basilico.
Ritratto a Mimmo Rotella nel suo atelier a Milano
1994 Soggiorno a Parigi presso la Cité Internationale des Arts (Borsa di studio della SPSAS Ticino).
1995 1° premio per la fotografia della Società Ticinese di Belle Arti

Persönlicheausstellungen / Esposizioni personali

1986 Galerie Saqquarah Gstaad, Schweiz
1987 Musée Municipale de St. Paul de Vence, France
1991 Galleria Odeonart Biasca, Svizzera
1994 Spazio XXI Bellinzona, Svizzera

Gruppenausstellungen / Esposizioni collettive

1985 Casino de Montbenon Lausanne, Suisse
1986 Galleria IF Milano, Italia
1986 Galerie Focale Nyon, Suisse
1987 Museo Cantonale d'Arte Lugano, Svizzera
1992 Galleria Cons ARC Chiasso, Svizzera
1992 Polaroid 50 x 60
"10 fotografi ticinesi" Bellinzona, Svizzera

Fotonachweis / Crediti fotografici

Stefania Beretta, Umschlagfoto / foto di copertina, Seiten / pagine: 36 (2, 4), 37 (2, 4), 38 (2, 4), 39 (1), 40 (1), 41 (1, 2), 42 (1, 2), 48 (1, 2, 3), 49 (1, 2, 3, 4), 50 (1, 2, 3), 51 (1), 62 (2, 3, 4), 63 (1), 66 (1, 2), 67 (1), 72 (1, 2), 73 (1, 2, 3), 78 (1, 2, 3, 4), 81 (3, 4, 5), 86 (1), 93 (1), 97 (3, 4), 98 (1), 99 (1, 2), 102 (1, 2), 121 (1), 122 (1), 123 (1), 124 (1), 125 (1)
Alle übrigen Fotos: Archiv Luigi Snozzi /
Il rimanente delle foto sono di appartenenza dell'archivio Luigi Snozzi

Bibliographie / Bibliografia

Historische Dokumente / Documenti storici

- Johann Rudolf Rahn, "Die mittelalterlichen Kunstdenkmäler des Kantons Tessin" in Anzeiger für schweiz. Altertumskunde 4, 1890, Sonderabdruck 1893
- Johann Rudolf Rahn, "I monumenti storici del Medioevo nel Canton Ticino", Traduzione con aggiunte all'originale tedesco eseguita da Eligio Pometta Bellinzona: Tipo-litografia di L. Salvioni, 1894
- Virgilio Gilardoni (a cura di), Inventario delle cose d'arte e di antichità II. Distretto di Bellinzona Dipartimento della pubblica educazione del cantone Ticino Edizioni dello Stato MCMLV pag. 241 e segg.
- Rinaldo Guidotti, Notizie Storiche su Monte Carasso, Istituto Editoriale ticinese Bellinzona / 1965
- Bernhard Anderes: "Kunstführer Kanton Tessin", hrsg. von der Gesellschaft für Schweiz. Kunstgeschichte, Büchler-Wabern, cop. 1975-1977
- Bernhard Anderes, Guida d'Arte della Svizzera Italiana Società Ticinese per la conservazione delle Bellezze naturali ed artistiche Studi e Monografie 5 / 1980
- Anastasia Gilardi (a cura di), Monte Carasso 1912-1992, notizie, documenti, progetti, Municipio di Monte Carasso Editore 1993

Monographien / Monografie

- Pierre-Alain Croset, "Luigi Snozzi, progetti e architetture 1957-1984" Electa Editrice, Milano 1984
- Dieter Bachmann, Helen Meier, Werner Öchslin, Johannes Voggenhuber, monographie, "Luigi Snozzi und das Politische in der Architektur" in Du Nr. 11, 1989
- C. Negrini, Pierre-Alain Croset, Gustavo Groisman (a cura di) in Rivista Tecnica, numero monografico "Luigi Snozzi", 1990, pp. 9-70
- Peter Disch, "Luigi Snozzi, Costruzioni e progetti 1958-1993" ADV Publishing House Lugano - 1994

Kataloge und Zeitschriften / Cataloghi e riviste

- Luigi Snozzi, Alvaro Büring, Benedikt Loderer, "Pater patrimoni" im Aktuelles Bauen, Nr. 7, Seiten 26-27
- Pierre-Alain Croset, "Luigi Snozzi: tre edifici per il piano di Monte Carasso", Casabella, n. 506, ottobre 1984, pp. 52-63
- Gerardo Zanetti, Dieter Bachmann, "Luigi Snozzi: Dreissig Jahre Widerstand", von Gerardo Zanetti, in "Architektur des Aufbegehrens" Bauen im Tessin, Birkhäuser Verlag, Basel 1985, Seiten 93-111
- Luigi Snozzi: "Palestra, depositi comunali e centrale termica, Monte Carasso" im Architekturpreis Beton 85, Zürich 1985, Seiten 27-35
- Georg Mörsch, Paolo Fumagalli, "Die schwierigen Begegnungen mit der Geschichte. Die Restaurierung des Stadtraumes" in Werk, Bauen+Wohnen, Nr. 4, April 1985, Seiten 16-26
- Florence Kohler, "Trois architectes au Tessin, Luigi Snozzi à Monte Carasso, in AMC, n. 12, juin 1986, pp. 3-17
- M. Steinmann, I. Noseda: "Beton: Gespräch mit Aurelio Galfetti, Luigi Snozzi und Livio Vacchini," "Archithese", Nr. 2, März 1986, Seiten 4-14,32
- "Luigi Snozzi in Bauwelt", Nr. 41-42, November 1986, Seiten 1602-1603 Micha Bandini "An Architecture of radical beauty. Notes on a design process", "Luigi Snozzi urban renewal at Monte Carasso", 9H Gallery, London 1986
- Gerardo Zanetti "Rendre un centre à Monte Carasso in Passages", n. 2, 1986 pp. 19-22
- Curt M. Meyer, "Ergänzungsbauten im Dorfkern von Monte Carasso" "Tessiner Architektur" in Schweizer Baublatt, Nr. 56, Juli 1986, Seiten 30-31, 33-34,47
- Thomas Boga, in "Tessiner Architekten", ETH, Zürich 1986
- Karl Rastorfer, "Architects of the Ticino", in Architectural Record, Nr. 4, April 1987, Seiten 110-117
- "Banca Raiffeisen, Casa Guidotti, Palestra Monte Carasso" in Architettura Svizzera, n. 79, ottobre 1987
- M-R.N., "Modernismi ja paikan henki", in Arkkitehti, Nr. 3, 1987, Seiten 45 64-67
- Claudia D. Berke, "Luigi Snozzi: eine Architektur der Beziehungen" in Der Architekt, Nr. 12, Dezember 1987, Seiten 580-583
- Luigi Snozzi, "Projeter pour la ville, leçon inaugurale" in Polyrama, n. 75, mars 1987, pp. 57-65
- Wim j. van Heuvel, "Het werk van Luigi Snozzi, Hoogtepunt in Modulex-reis naar Tessin" in AB, architectuur bouwen, Nr. 6/7, Juli 1988, Seiten 59-62
- Marco Oberti, "Impianti sportivi" in Casabella, n. 542/543, febbraio 1988, pp. X, XI
- Egbert Koster, "Tendenzen im Tessin, Recente Tessiner architectuur" in De Architect, September 1988, Seiten 118-127
- Andrej Gurtler, "Luigi Snozzi", in Projekt, Nr. 313, Januar 1988, Seiten 46-48
- Peter Buchanan, "Constructing order Ticino Luigi Snozzi and Livio Vacchini" in The Architecural Review, Nr. 1095, May 1988, Seiten 35-45
- "Proces v teku. On going Process" in ab, arhitektov bilten, Nr. 101/102, November 1989, Seiten 54-59
- Pierre-Alain Croset, "Die Bewahrung des Ortes" in Architese, Nr.4, August 1989, Seiten 31-35
- Frank Werner, Sabine Schneider, Neue Tessiner Architektur Deutsche Verlags-Anstalt, Stuttgart 1989, Seiten 17-18, 128-143, 170-171
- Paolo Fumagalli, "Svizzera anni '90 - tre culture, tre architetture", in Abitare, n. 290, novembre 1990, pp. 150-151, 166, 170-171.
- "Neugestaltung des Zentrums von Monte Carasso, Schweiz" in AW, Architektur + Wettbewerbe, Nr. 144, Dezember 1990, Seiten 13
- Giuseppe Curonici, Plinio Martini, Tita Carloni, Gerardo Zanetti, "Die moderne Architektur in der italienischen Schweiz - Le mouvement modern dans la Suisse italienne" in Ca' nossa (speciale Pro Ticino Basilea 1990), 1990, pp.5-13
- Ado Franchini, in "Cantone Ticino - Architetture recenti", CLUP, Milano 1990, pp. 106-111, 114-115, 124-127
- Pierre-Alain Croset, "Architetture di Luigi Snozzi" in Casabella, n. 567, aprile 1990, pp. 4-22
- Nina Rappaport, "Bellinzona, Nina Rappaport on a historic town that has embraced modern architecture" in Architecture Today, Nr. 20, July 1991, Seiten 8, 9, 12
- Lore Kelly, "Erstarrt aus der Schale befreit" in Architektur und Technik, Nr. 9 September 1991, Seiten 69-74
- V. eto. Fazan-Magi (catalogo mostra, Lausanne 1991) "Luigi Snozzi: architetture recenti", 1991
- "Luigi Snozzi: Monte Carasso, Ticino", in Tefchos, n. 9, settembre 1992, pp. 120-124
- Klaus Kinold, "Luigi Snozzi: Turnhalle, Monte Carasso" in Ich will Architektur zeigen, wie sie ist, Richter Verlag, Düsseldorf 1993, Seiten 137-144
- Bruno Vezzoni, "Monte Carasso: un fatto culturale", in Rivista Tecnica, n. 4, aprile 1993, pp. 1-2
- "Premio Wakker 1993 al comune di Monte Carasso, in Rivista Tecnica, n. 3, marzo 1993, pp. 84-84